IL BATTELLO A VAPORE

Lia Celi

Una fuoriclasse in campo

Illustrazioni di

Donata Pizzato

PIEMME

Vi presento le Wild Swans!

IRENE
capelli rossi
e battute pungenti
NASTA
l'alzatrice più bella
del mondo
TANK
il coach
YUXIN
una farfalla dalla
volontà di ferro
KIKI
l'intellettuale
della squadra

1

CIGNI IN RULLATA

– Neanche per idea! Una divisa da Swan per Tabitha? Ma vogliamo una mascotte o vogliamo far ridere il mondo?

– È un'idea stratosferica, invece. Sarà un amore!

– Per me è no. I nostri colori, bianco e azzurro, non le stanno bene.

– Daria, Eva, stiamo parlando di una capretta! Vestirla da essere umano è una violenza. Vi piacerebbe che qualcuno vi vestisse da capre?

– Kiki, non accetto consigli sul look da una che porta un collare da cane.

– E se invece noi tingere suo pelo bianco e azzurro con gessetti per capelli? Quest'anno è moda!

– Nasta, sei matta? Ci denunciano alla Protezione Animali!

– Possiamo sempre dirgli che è un Mini Pony gigante…

– Ah ah ah, smettila, Yuxin! Mi hai fatto sbagliare il bagher!

Ci sono tanti motivi per cui la nostra squadra di volley si chiama Wild Swans, i Cigni Selvatici. Perché siamo belle e selvagge, ok. Ma anche perché i cigni selvatici tengono il collo dritto anziché piegato, come i cigni reali, e anche noi non pieghiamo mai la testa. E poi perché sono uccelli migratori, e alcune di noi vengono da paesi lontani. Ma forse il vero motivo è che i cigni selvatici, quando sono eccitati, fanno un gran chiasso. Proprio come noi ora, mentre ci sfidiamo in una finta partita quattro contro quattro, prima dell'allenamento vero e proprio.

Se la squadra non si fosse chiamata Wild Swans, io non ne farei parte. Eva Lazzari sarebbe ancora la stella della Urban Dancer, la scuola di danza più fighetta di Milano. Invece a settembre è crollato il tetto; cose che succedono anche nelle scuole fighette, se a dirigerle è una come Miss Ricarda, più attenta a una ciocca che sfugge dallo chignon che a crepe grandi così sul soffitto. Per tenermi in esercizio durante la ristrutturazione della Urban cercavo urgentemente un'altra scuola di danza nel mio quartiere. Il nome Wild Swans sembrava promettente: cigni uguale a grazia, portamento, Ciaikovskij, eccetera, no?

Solo quando mi sono accorta che ero l'unica in body e mezzepunte in mezzo a sette spilungone casinare in maglietta e sneakers ho capito l'equivoco. L'equivoco più fortunato della mia vita. Perché quelle spilungone casinare, di nome Jo, Irene, Daria, Tahmeena, Nastasja, Yuxin ed Enrichetta, detta Kiki, ora sono le mie amiche. E guardate che Eva non è una che dà la sua amicizia alla leggera, nemmeno sui social network. Grazie a loro sono diventata amica anche del volley!

Dire che prima lo odiavo è come dire che Fedez ha solo un tatuaggetto. Credevo di essere negata per qualunque sport di squadra. Ma i nostri coach, Tank e Stella, conoscono il segreto per tirare fuori il meglio da ciascuna: darle fiducia. Con loro ho capito che errori e sconfitte sono opportunità per crescere. Ops, ho parlato al singolare: l'altra cosa che ho imparato con le Swans è che "noi" conta più di "io". L'unica delle Swans che ha il diritto di dire «meh», anzi, «meeeh», è Tabitha, la nostra mascotte, perché è una capretta nana. È arrivata da poco ma fa già parte della squadra.

Un po' come me. Indosso la divisa ufficiale solo da qualche giorno ma mi sento una Swan a tutti gli effetti. Soprattutto dopo aver vinto la prima partita contro le Scintille, una squadra giovanile ultrablasonata che sulla carta era più forte di noi, ma sul parquet no.

– Coach, sai che ancora non ci credo? Pochi giorni fa, in questa palestra, noi, le Wild Swans, alias la squadra dei casi umani, abbiamo battuto le Scintille! – dice Irene, scuotendo tutta fiera la chioma rossa.

– Dici che dobbiamo appendere una targa commemorativa? – scherza Tank.

– L'unica cosa da non credere è che tu sia uscita tutta intera, Irene! – interviene severa Stella, che dei nostri due allenatori è la più giovane, ma anche la più realista. – Contro le Scintille hai fatto troppi salvataggi alla disperata. Ho visto alcuni spettatori coprirsi gli occhi!

– Se non vogliono impressionarsi guardino le partite di ping pong – ribatte Irene.

– Sei una pallavolista, non uno *stuntman* – dice Tank. – I salvataggi sono la tua specialità, lo sappiamo, ma non devi fare pazzie. C'è una tecnica per tuffarsi salvando sia la palla che le ossa. Mai sentito parlare della rullata, Swans?

(Io sì, ma credevo che c'entrasse con la batteria!)

– È un fondamentale importante come il bagher o il muro, – prosegue il coach – ma spesso sottovalutato. Consiste nel tuffarsi a colpire la palla, rotolare via fluidamente, in modo da attutire l'impatto, e rialzarsi subito, pronte a riprendere il gioco.

– E più ci si impadronisce della tecnica, meno si ha paura di buttarsi – aggiunge Stella. – *Last but not least*, le rullate rendono il gioco più spettacolare.

– Spettacolare? – esclamo. – Mi piace! Quando si comincia?

– Subito! Tutte sul pavimento! Rullata è innanzitutto saper rotolare velocemente a terra.

Buttarsi per terra e ruzzolare sono una cosa che le persone normali smettono di fare verso i due anni. E che non dovranno fare mai più in vita loro, a meno che non diventino ginnasti, pallavolisti o danzatori. Io, grazie ai miei freschi ricordi della Urban, me la cavo bene. Ma molte Swans sono in difficoltà.

– Accidenti. Chi si ricorda come si fanno le capriole? – borbotta Jo, incastrata a testa in giù sul pavimento.

– Facile per bambini alti un metro! – geme Nasta, tentando di srotolare in una capriola le sue lunghissime gambe.

– Se ci riesce Valentina Diouf, che è alta *due* metri, possiamo riuscirci anche noi! – dice Yuxin con energia.

Il nome della mitica fuoriclasse azzurra ha un effetto magico e tutte, da sole o con un aiutino dei coach, riescono a tornare in posizione eretta.

Irene si massaggia collo e schiena: – Stella, sei sicura che questa roba sia meno pericolosa dei miei tuffi disperati?

– Certo! Ma la rullata non si impara in un pomeriggio, ci vuole molto esercizio, con e senza la palla. Se ci date dentro, presto sarete più brave delle Zodiac.

ACCIDENTI, CHI SI RICORDA COME SI FANNO LE CAPRIOLE!
DAI, JO, È FACILE!
PARLA PER TE, SNODATONA!
FACILE PER BAMBINI ALTI UN METRO!
FORZA, SWANS!
ROTOLIAMO BENE A TERRA!
PUFF...
SE CI RIESCE VALENTINA DIOUF CHE È COSÌ ALTA...
POSSIAMO FARCELA ANCHE NOI!
OPLÀ!
BRAVA, YUXIN!

– Le Zodiac?

– Le vostre prossime avversarie. I salvataggi acrobatici sono la loro specialità.

– Dopo le Scintille non temiamo nessuno, coach! – dice Daria.

– E queste Zodiac specialiste della rullata rotoleranno... nella polvere! – afferma Irene, spavalda.

Nasta sgrana gli occhi: – Loro non spazzano parquet prima di partita?

La signora Celeste, la tuttofare della Polisportiva Cometa (la nostra sede), entra nello spogliatoio con un pacco di salviette di carta in una mano e l'altra davanti al naso.

– Ossignùr, che camera a gas... Siete peggio dei ragazzi del basket! Quando ero giovane io, le tredicenni non sudavano.

Le risponde un coro: – Seee! In che film?

– Era un'altra epoca, Celeste – replica Irene. – Ai tempi delle guerre d'indipendenza chi aveva tempo di analizzare la traspirazione delle tredicenni?

– Guarda che sono nata dopo l'Unità d'Italia, sfacciata! Se ti prendo... –. Ma lei è già scappata ridendo sotto la doccia. – Siete troppo spiritose per me, voialtre – sbuffa Celeste, andandosene. – E mi raccomando, quando avete finito lasciate aperta la finestra.

– Secondo me è la Celeste che ha dei problemi al naso – dice Daria.

– Si chiama "iperosmia", eccessiva sensibilità agli odori – interviene Kiki, alias Kikipedia, la Swan intellettuale e alternativa.

Indossa sempre un collare borchiato e tutti credono sia per fare l'originale. Ma io so perché lo porta. E da quando lo so vorrei tanto averla come amica del cuore anche fuori dal campo.

Nasta si spazzola la lunghissima criniera biondo sole: – Mia mamma sempre dice: quando tu piccola avevi profumo di latte, adesso puzzi come formaggio.

– Mia mamma invece dà la colpa agli ormoni – dico. – Accidenti a loro, finora mi stanno regalando solo cose sgradevoli: peli, brufoli e ascelle puzzolenti. Ma una cosa piacevole, no?

– La cosa piacevole ce l'abbiamo già: Volleyween! – gongola Irene. – Eva, hai avuto davvero un'idea stupenda, sai?

Sì, non faccio per dire ma l'idea di incrociare Halloween e la pallavolo è stata mia.

Il 31 ottobre, anziché la solita festa, faremo una dimostrazione di pallavolo per i bambini del corso di minivolley, però saremo mascherate da streghe. Poi musica e panini per tutti.

– Sì, l'idea è stupenda, – ammette Yuxin – ma dobbiamo proprio usare il pallone da basket?

– È arancione e a spicchi, somiglia a una zucca – spiega Jo.

– Ok, ma è più grande dei nostri e durissimo. Tanto vale usare una zucca vera!

Daria sogghigna: – Perché, queste ti sembrano finte? –. E tira fuori dal suo armadietto… due stupende zucche sogghignanti! Solo quando noti che sono troppo sferiche e non hanno il picciolo ti accorgi che sono due palloni da basket arancioni, abilmente ritoccati con il pennarello nero.

DARIA

Siamo senza fiato! La proverbiale bravura di Daria nel disegno non si smentisce nemmeno nelle piccole cose.

– Troppo belli! Grande!

– Hai chiesto il permesso al coach del basket, vero? …Oh, Daria, si arrabbierà tantissimo!

– Dai, mio capitano! – esclama

Kiki. – Dopo Volleyween li laveremo bene e li rimetteremo a posto. Non se ne accorgerà nessuno. A meno che Daria non abbia usato…

– …un pennarello indelebile – completa lei con aria colpevole.

– Accidenti! – si dispera Jo. – Cosa diranno i ragazzi del basket quando si ritroveranno a palleggiare con delle zucche?

– Ma è ovvio! – interviene Irene. – «Dolcetto o scherzetto?»

– A proposito di dolcetti – dice Tahmeena. – Oggi mia mamma ha fatto l'*halwa* con la zucca. Venite ad assaggiarlo?

2

KOMBU, SAVANNAH E LELEPIP

I genitori di Tammy sono pakistani e hanno un take-away indiano. Oltre all'*halwa*, fanno un kebab fantastico, per non parlare del pollo in pastella e dei fagottini di verdure.

Peccato che io possa solo annusarli. Tutte queste delizie contengono cereali e io ho scoperto da qualche anno di essere allergica al glutine. All'inizio è stata dura: addio pane, pizza, biscotti e tutto quel che piace alle ragazze normali! Ma i miei genitori hanno cercato di non farmi mancare nulla. Soprattutto il mio favoloso papà, che sarebbe un chitarrista rock, ma per aiutarmi ha imparato a cucinare tante buonissime ricette senza glutine. Ed è diventato così bravo che adesso lo fa per mestiere, al ristorante Papille, un posto supertrendy sul lago di Como. Ogni sera c'è la fila di Vip per assaggiare le squisitezze *gluten free* che ha inventato per me.

– Ma, papi, davvero i Vip sono tutti celiaci? – gli chiedo durante la nostra solita telefonata serale, immancabile da quando lavora fuori Milano.

– Figurati, *my princess*! È solo moda. Credono che la cucina antiallergica faccia dimagrire e renda più belli.

– Che stupidi! E tu non gli dici niente?

– Fossi matto! Anzi, gli mostro la tua foto per convincerli che hanno ragione. «Direste mai che questo fiorellino biondo ha trentacinque anni?»

– Mi prendi in giro, vero?

– Ma sì, Princy. La tua foto la tengo solo per me.

– Peccato! Magari la vedeva un regista famoso e mi dava una parte in un film...

– Danza, pallavolo, ora anche il cinema... Ehi, ragazzina, non cominci ad avere un po' troppi sogni?

Può darsi, papà. E ce n'è un altro, che non ti ho detto, ma che forse puoi immaginare. Sogno che fra te e mamma tutto torni come prima. Ma forse questo è il sogno più irrealizzabile.

Come dice sempre Laura, la mia vicina di casa alternativa che cambia nome a seconda delle sue emozioni e si cura il mal di testa con i cristalli, l'Universo è una macchina perfetta dove nulla avviene per caso. Secondo lei non è una coincidenza se ho conosciuto le Wild Swans proprio quando il matrimonio dei miei genitori è andato in crisi. O viceversa.

– Avevi bisogno di vere amiche per affrontare un momento così difficile, e l'Universo te le ha fatte incontrare – mi dice, mentre facciamo la spesa insieme nel reparto ecobio del supermercato. Io mi rifornisco di snack per celiaci, lei di alghe per cucinare.

Oggi Laura si sente in sintonia con Atargatis, la dea pesce dell'antica Siria, e sceglie il cibo di conseguenza. – Le alghe sono un concentrato di nutrienti – spiega. – Dovresti mangiarle più spesso.

– Bleah. Già mi fanno schifo quando me le ritrovo nel costume, figurati nel piatto.

Le signore che fanno la spesa ci guardano strano. Una tipa in tunica bianca e treccia viola che agita un pacco di alghe è uno spettacolo insolito.

Una vecchietta con il trolley ci viene vicino: – Cos'è, una pubblicità?

– No, signora, sono alghe *kombu*. Facilitano la digestione dei legumi. Le provi!

Forse se mangiassi più alghe digerirei meglio la gelosia che provo per mamma. O meglio, per il suo lavoro. Mamma è veterinaria, specializzata in animali esotici, e quando sono arrabbiata con lei (alla mia età succede) le dico che il vero grande amore della sua vita non siamo papà e io, ma scimmiette, pappagalli e iguane. L'ho vista fare notti in bianco al capezzale di un cincillà e piangere per non essere riuscita a salvare una tartaruga. Sono gelosa, sì, ma allo stesso tempo l'ammiro per la passione con cui si occupa dei suoi pazienti, anche a costo di litigare con i loro padroni, certi sciroccati che spendono soldi a carriolate solo per il gusto di poter dire «sai, io non ho mica un volgare gatto, ho un savannah», che sarebbe un incrocio fra un serval africano e un micio domestico, ed è il *pet* più di moda del momento.

– Altro che savannah, quello era un serval puro – brontola mamma, mentre l'aiuto a cambiarsi le medicazioni sulle braccia, dove le hanno dato qualche punto di sutura. – Per fortuna ho appena fatto il richiamo dell'antirabbica. Ahia! Piano, Eva… E comunque quella tizia non avrebbe potuto avere neanche un savannah, perché gli ibridi fino alla quarta generazione mantengono troppe caratteristiche selvatiche e la legge ne proibisce il possesso domestico. È un miracolo che io abbia portato a casa tutt'e due le braccia.

No, è un miracolo che mamma non abbia portato a casa il serval! Perché quando un paziente è delicato o va tenuto sotto controllo, lei non lo lascia in ambulatorio.

Forse non è un comportamento molto professionale, ma non sarò certo io a fare la spia all'Ordine dei Veterinari. E soprattutto al nostro padrone di casa, il signor Settembrino, che nell'atrio del condominio ha attaccato un regolamento in tre punti:

1) AI SIGG. INQUILINI È VIETATO TENERE ANIMALI
2) AI SIGG. INQUILINI È VIETATO FARE RUMORE NEGLI ORARI DI RIPOSO
3) AI SIGG. INQUILINI È ASSOLUTAMENTE VIETATO TENERE ANIMALI.

Per far passare inosservata Tabitha, che prima di diventare la nostra mascotte era una sua paziente in osservazione, mamma l'ha nascosta in un trasportino mascherato da *beauty case*!

Ho quasi finito di metterle i cerotti sui graffi che quel gattaccio oversize le ha lasciato sugli avambracci. Ci metto poco, perché mamma è tutta piccolina, comprese le braccia. È così diversa dalle altre mamme, disastrosa in cucina, sempre con addosso odori strani da veterinaria, sempre in jeans ma con i tacchi dodici, anche quando va a visitare i leoni nei bioparchi.

Alza su di me i suoi occhi scuri e brillanti da ragazzina:

– Un mese fa ero io a curarti i lividi sui polsi dopo il primo allenamento di pallavolo, ricordi? Adesso sei tu a prenderti cura di me.

Sorrido: – Mi alleno per quando sarai vecchia, mammina...

Mi fa gli occhiacci e mi lancia addosso il rotolo della garza: – Ripetilo e divento peggio del serval!

– È stupenda, vero? Se vuoi ti dico come l'ho fatta.

– No, Diana, non mentre la Pulicinelli spiega geometria. I segreti della tua *nail art* a tema Halloween sono sicuramente più interessanti del volume del parallelepipedo, ma non credo che nella prossima verifica la Pulix chiederà come si attaccano i mini stickers a forma di zucca!

Delle istruzioni di Diana non me ne farei nulla comunque, perché con gli smalti ho la manualità di uno gnu e riesco a fare pasticci anche con la base trasparente. Diana invece è come i miniaturisti del Medioevo che dentro una lettera piccola così riuscivano a dipingere una città. La differenza è che loro dopo una settimana non dovevano togliere tutto con il solvente.

– Uff, Eva, non sei più la stessa da quando fai pallavolo – sbuffa Diana. – Sei diventata troppo seria! Prima ti piaceva parlare di trucchi e vestiti e adesso...

Falso! Vado sempre pazza per trucchi e vestiti, solo che da quando gli allenamenti mi portano via molte ore nel pomeriggio, ho scoperto l'acqua calda: se sto attenta alle spiegazioni a scuola ho meno bisogno di studiare a casa. Però forse Diana ha ragione. Sono diventata un po' più coscienziosa, più matura, più... come dire...

– ...sei noiosa, sgobbona! Insomma, sei cambiata.

– Ma cosa dici?

Devo aver replicato a voce troppo alta. – Come hai detto, Lazzari? – mi interrompe la Pulix. – Hai da obiettare sulla definizione di parallelepipedo rettangolo?

– No, prof, stavo...

– Non essere timida, condividi con noi le tue innovative teorie sui poliedri. Vieni alla lavagna.

E va bene. È il momento di dimostrare a Diana e agli altri che, solo perché non è più un disastro a pallavolo, la vecchia Eva non ha perso la verve che fa dannare i professori e sbellicare i compagni.

Vado seria seria alla lavagna: – Prof, davvero, il parallelepipedo mi va benissimo così com'è. Ecco, forse ha un nome un po' lungo. Con un diminutivo avrebbe più successo. Pensi a Mika: sarebbe diventato una star col suo vero nome, Michael Holbrook Penniman jr? E quali sono i solidi che si conoscono di più? Cubo e sfera, che hanno nomi corti e facili. Secondo me anche il parallelepipedo dovrebbe sforbiciarsi un po' il nome.

Scrivo sulla lavagna *parallelepipedo*. I miei compagni ridacchiano. Non capiscono se stia facendo sul serio o no. La Pulicinelli, in cattedra, ha la faccia atterrita dello scienziato pazzo quando dice: «Ach! Io kreato moztro!».

– Visto quanto ci metto a scriverlo? – continuo, imperturbabile. – Pensi che fatica farebbe il parallelepipedo a scrivere gli autografi per i fan. Ma proviamo a togliere qualcosa qua e là –. Con il cancellino elimino le prime e le ultime sillabe. – Ecco qui. Lelepip! Non suona meglio? Perfetto per un poliedro che vuole rivolgersi al pubblico giovanile e andare sui social. «Calcola il volume del parallelepipedo» e già caschiamo dal sonno. Ma se lei, prof, ci chiede «yo, bro, calcolami un po' il volume di lelepip», è tutta un'altra musica!

La classe si sta rotolando per terra. Perfino la Pulix si sforza di trattenere una risata. Credo di essere la prima al mondo a far ridere il pubblico parlando di una figura solida.

La prof batte le mani sulla cattedra e si ricompone. – Un'altra musica, eh? Lo vedremo subito. Yo, Lazzari, per la prossima lezione voglio tutti i problemi del libro sul volume di lelepip. Mmm, non mi pare che la tua faccia sia molto entusiasta! E voialtri smettetela di ridere, se no li do pure a voi.

– Loool! – esultano alla fine dell'ora Bea e Ceci, le mie compagne più affezionate. – Per fortuna la Pulicinelli è più spiritosa di Baffotti...

Baffotti è il prof di edufisica che mi trattava male quando non ne facevo una giusta a pallavolo, e perdeva regolarmente le staffe per le mie battutine. Poi ci siamo chiariti e ora siamo buoni amici.

– Lelepip resterà nella storia! Ma come ti vengono in mente? – esclama Fede.

Momo si inginocchia con la mano sul cuore: – Sposami, Eva! Con una come te non mi annoierò mai!

Adoro i complimenti. Incondizionatamente. Se volete conquistarmi, fatemi un sacco di complimenti, e non preoccupatevi se vi sembrano esagerati.

– Allora, sono diventata noiosa?

– Nooo! Sei la solita matta. Oggi pomeriggio ci sei, vero?

– Eh? Dove?

I miei compagni alzano gli occhi al cielo. – Non sarai noiosa, ma smemorata sì! Il party di Halloween alla Love Cream! – replica Diana agitandomi sotto il naso la sua *nail art* in tema.

Ommammamia! È vero, la festa della scuola alla nostra gelateria preferita! Ma oggi pomeriggio c'è anche il Volleyween con le Swans. Accidenti!

– Ragazzi, mi dispiace, ho un'altra festa con la mia squadra di pallavolo. E non posso proprio mancare, visto che l'ho lanciata io.

– Eh, ma sempre 'sta pallavolo! – sbuffa Diana. – E noi cosa siamo, cacca?

– Guarda che ti perdi una festa fotonica – dice Bea. – Con una *tribute band* fighissima e gelato a fiumi! Presenteranno un gusto in edizione limitata, il DolceSpettro, cioccolato bianco con ragnetti di fondente...

– E c'è anche il concorso per la strega più bella – aggiunge Momo. – Se non vieni tu, io e Fede chi votiamo?

Che voglia! È una vita che non vado a una festa... una vera festa, voglio dire, non una in cui devo giocare a pallavolo con delle finte zucche in mezzo a dei mocciosi, e senza niente di simile a un ragazzo nei paraggi. Sì, ok, l'ho voluta io così Volleyween, ma, insomma, ho dato l'idea, in fondo la mia parte l'ho fatta, no? Però... se non vado che figura ci faccio con le mie amiche?

Forse posso salvare Tabitha... voglio dire: capra e cavoli. Rimarrò, diciamo, un quarto d'ora alla festa e poi salterò sul bus e correrò dalle Swans. Dalla gelateria alla palestra ci sono solo due fermate, per quindici minuti di ritardo non mi uccideranno!

Tanto arriverò sempre prima di Yuxin, che, fra compiti, lavori di casa e babysitting alla tribù di fratellini e cuginetti, arriva sempre quando noi abbiamo già finito il riscaldamento.

Quindici… no, dai, venticinque minuti alla festa, ecco. Non di più.

– Sentite… magari un salto alla Love Cream alle 18 lo faccio. Ascolto una canzone, assaggio il DolceSpettro e poi scappo. Solo mezz'oretta però, eh?

3

UNA FESTA DI HALLOWEEN E MEZZA

Gnammissimo! Il DolceSpettro è il fantasma più delizioso che io abbia mai incontrato. La *tribute band* di ragazzi del liceo si chiama Bone Direction, e anche se non fossero bravi e carinissimi malgrado il trucco da zombi (cosa che sono: bravi e carinissimissimi!), li stimerei solo per il gioco di parole nel nome: *bone* vuol dire "osso"!

E poi, non faccio per dire, ma ho il più bel look da Maleficent che sia mai stato realizzato in un'ora con quel che c'era in fondo all'armadio e un paio di sacchi neri per la spazzatura. Ho completato con un trucco stupendo copiato da un tutorial americano su YouTube. E ho scoperto che il dettaglio che fa davvero la differenza tra una brava ragazzina e una Maleficent non sono gli occhi sottolineati con matita e ombretto, ma le sopracciglia!

Scurite e appuntite come insegnava il tutorial, mi danno un'aria matura e tosta. Basti pensare che perfino il bassista dei Bone Direction mi scambia per una più grande e mi lancia sguardi molto interessati.

–Vado a dire a quello stupido di tenere gli occhi a posto! Non sa che sei roba nostra? – brontola Momo, da dietro la sua maschera da *V for Vendetta*.

– Finché ha le mani occupate con il basso non è pericoloso – replica un Tristo Mietitore di nome Fede.

Quanto mi lusingano da uno a dieci queste scenate di gelosia? Quindici! Come i minuti che avrei dovuto passare qui alla festa e che, fra balli e assaggi di gelato, stanno diventando molti di più.

Il cellulare continua a notificarmi messaggi su WhatsApp.

WILD SWANS FOREVER (JO)
Evaaa! Quando arrivi?

WILD SWANS FOREVER (IRENE)
Ti stiamo aspettando! Volleyween, do you remember?

WILD SWANS FOREVER (DARIA)
I bambini ci sono già tutti, noi

cominciamo. Ma sbrigati!!!

Ho risposto con la prima frottola che mi è venuta in mente: «Mi si è rotta la chiave nella serratura e devo aspettare il fabbro che venga ad aprirmi», poi ho lasciato perdere.

Cavoli, mi sto divertendo troppo! Perché devo andarmene così presto? Sono Maleficent, mica Cenerentola!

– Ma non dovevi stare solo un quarto d'ora? – domanda Ceci.

– Eh? Già, hai ragione.

Ma si stanno raccogliendo i voti per Miss Strega e, a giudicare dagli sguardi invidiosi delle altre, potrei avere delle chance. Momo e Fede mi stanno facendo una gran pubblicità! Come faccio ad andarmene proprio adesso?

Dlin! Dlin! Dlin! Le Swans mi reclamano... No, basta. Devo scappare. Almeno mezz'ora di Volleyween non posso negargliela... ma proprio mentre sto sgomitando per raggiungere la porta, il cantante dei Bone Direction prende il microfono: – E ora suoneremo *What makes you beautiful*. Dedicata alla bella strega che stasera ha gettato un incantesimo sul nostro bassista.

Mi giro verso il palchetto giusto in tempo per incrociare i suoi occhi intensi sopra le finte occhiaie da zombi. Sospetto che anche il fondotinta bianco che ho in faccia

WHAT MAKES YOU BEAUTIFUL...
DEDICATA ALLA STREGA CHE HA INCANTATO IL NOSTRO BASSISTA...

stia diventando rosso fiamma, mentre la canzone sembra parlare proprio a me. La parte superiore del mio corpo vorrebbe andare via ma i piedi rimangono incollati al pavimento.

Però devo staccarli, a tutti i costi. Perché fra poco i Bone Direction smetteranno di suonare, il bassista verrà a cercarmi e io non saprò assolutamente cosa fare!

Per fortuna un rimescolamento nella folla che balla mi sospinge verso la porta della gelateria. «Non so perché sei così timida e ti volti da un'altra parte quando ti guardo negli occhi» canta il finto Harry Styles dei Bone Direction, guardando verso di me. E non lo saprà mai, perché ora sono fuori dalla Love Cream e sto correndo verso la fermata dell'autobus, con le corna da Maleficent tutte sbilenche.

E mi accorgo che sono già le 19,30.

Lo sapevo. Quando arrivo alla Polisportiva Cometa ormai sono fuori tempo massimo, le Swans stanno già uscendo. Da lontano, illuminati dai lampioni, vedo cappelli da strega afflosciati e facce mogie.

Eva, lascia perdere. Vai a casa. Affrontale domani, quando gli sarà sbollito il malumore. Perché le tue amiche hanno tutte le ragioni di avercela con te, che prima le hai coinvolte in Volleyween e poi le hai piantate in asso per farti ammirare dai bassisti truccati da zombi.

E invece no. Devono sapere che almeno ci ho provato. E allora vado verso di loro, allargando le braccia in atteggiamento desolato: – Ragazze, mi dispiace, ho fatto del mio meglio…

Daria mi guarda di traverso. – Che peccato. Ti sei fatta un così bel trucco per niente.

– Carino, vero? C'è il tutorial su YouTube, se vuoi ti do il link. Spero che qui tutto sia andato bene ugualmente…

– Sì, dai, la cosa ha funzionato – dice Jo. – I bambini si sono divertiti molto. Ma noi abbiamo continuato a sperare che tu arrivassi e questo ci ha tolto un po' di entusiasmo.

– Già! – sbotta Nasta. – Non potevi scrivere che tu non venivi?

– Ma io fino all'ultimo ho…

– No, a un certo punto hai smesso di rispondere ai messaggi. Non è stato gentile – sbotta Irene.

– Uffa, non farmi la predica! – esclamo, d'impulso. – Ho fatto quel che potevo! –. E prima che il cervello se ne accorga aggiungo: – Per correre qui ho anche rinunciato alla premiazione di Miss Strega!

Gli occhi di Irene diventano due fessure: – Eeeh?! Aspetta un attimo! Non avevi detto che eri intrappolata in casa ad aspettare il fabbro?

Accidenti. È quel che il mio amico Momo chiama "un autogol da centrocampo".

Ora Irene ha tutta l'aria di volermi dimostrare che quello che si dice delle rosse quando si arrabbiano è la pura verità. – Cos'è questa storia di Miss Strega? – sbraita. – Cioè, fammi capire, *amica*, NOI eravamo qui a farci il mazzo con dei palloni spaccadita per una cosa che hai inventato TU, e TU te ne stavi a un concorso di bellezza? Perché in questo caso puoi presentarti al concorso per Miss Pezzo di Cacca, lo vinci a occhi chiusi!

– Calma, Irene – interviene Jo, anche se sarebbe più utile un estintore. – Forse Eva non si è spiegata bene.

Sette paia di occhi sono puntati su di me in attesa che mi spieghi bene.

– Non era un concorso di bellezza. Cioè, il concorso c'era, ma all'interno della festa di Halloween della mia scuola, alla Love Cream. Non mi ricordavo che fosse lo stesso giorno e la stessa ora del nostro Volleyween. Ragazze, lo so, non avrei dovuto, però i miei compagni ci tenevano tanto... Dicono che li snobbo per colpa vostra...

Oh, ma mi ha colpito il virus che fa scegliere le parole sbagliate?

Comunque, se avete presente la fine del film *Gli Incredibili*, quando il piccolo Jack Jack diventa all'improvviso un mostro fiammeggiante, avrete una vaga idea della reazione di Irene: – AH, È PER COLPA NOSTRA, ADESSO? Be', di' ai tuoi amici che non li snobberai più perché, per quanto mi riguarda, meno ti vedo e meglio sto. Ciaone! –. Gira sui tacchi e se ne va.

Tammy la segue: – Scusate, ma abitiamo vicine e a quest'ora preferisco fare la strada con lei. Aspettami, Irene!

Manco mi saluta.

Daria scuote la testa: – Bastava dirlo, Eva. Avremmo capito... forse.

– Dovresti usare la funzione Promemoria del cellulare – precisa Yuxin. – Così eviteresti di inventare iniziative alle quali non puoi partecipare.

– Ha parlato quella che arriva sempre agli allenamenti con venti minuti di ritardo – ribatto.

Yuxin diventa di ghiaccio e se ne va senza dire una parola.

Jo mi guarda negli occhi seria seria: – Eva, questo non dovevi dirlo. Yuxin non ritarda perché va a divertirsi alle feste. Ha tutta la casa sulle spalle mentre i genitori lavorano. Per questo Tank e Stella chiudono un occhio.

Il capitano ha ragione. Mille volte ragione. Ma stasera non so cosa mi ha preso. Ho il veleno in corpo. Dev'essere questo dannato look da Maleficent. E così, anziché inseguire Yuxin per chiederle scusa, rispondo a muso duro: – Invece a me ogni tanto piace andare a divertirmi alle feste! Scusate se una volta tanto ho fatto una cosa da ragazza normale, e non da caso umano! –. E le pianto in asso tutte e quattro, Jo, Daria, Nasta e Kiki.

Sulla strada di casa mi strappo dalla testa l'acconciatura da Maleficent e la butto in un cassonetto. Tanto l'avevo fatta con i sacchi della spazzatura.

4

MI DISPIACE, SWANS!

– Se sono vere amiche capiranno, principessa. La vita è fatta anche di leggerezza.

Così mi ha detto papà, seduto vicino a me su una panchina del parco. Era venuto a passare con me la giornata di Ognissanti.

Quando torna, mamma ci lascia soli. Non riesce ancora a recitare il copione dei due genitori separati ma costruttivi, e ne approfitta per prendersi qualche ora di relax.

– È strano, papi. Mi sento in colpa verso le Swans perché avevo un impegno con loro e l'ho tradito. Eppure forse lo rifarei. Mi piaceva ballare, chiacchierare, essere ammirata. È così sbagliato?

Papà ha guardato davanti a sé. – No, è umano, baby. L'ottanta per cento di quel che facciamo, lo facciamo per essere ammirati da qualcuno. L'audience, un gruppo, i genitori o una persona speciale. Per te ieri l'ammirazione di quei ragazzi contava più di quella delle Swans.

– Diciamo che contava uguale. Mi piace tanto essere una di loro, ma a volte le Swans sono troppo… serie. E ora ho paura che mi abbiano bollato come una stupida oca. È un giorno intero che non mi mandano messaggi. Mai successo!

– Si sentono tradite. Per quello che hai fatto e per quello che hai detto dopo. E perdonare un tradimento non è mai facile.

Il suo tono mi ha colpito. Forse non si riferiva solo al mio pasticcio con le Swans.

Avrei voluto chiedergli di più ma una ragazza bruna e snella in tuta da ginnastica si è fermata sul vialetto proprio davanti a noi e mi ha osservato. – Eva! Ma sei proprio tu?

– Venissa!

Non la vedevo da mesi! Ci siamo abbracciate e le ho presentato papà.

– Fa pallavolo con te? – mi ha chiesto.

– No, andiamo… cioè, andavamo insieme a danza.

Non posso dire che eravamo amiche. Ci stiamo simpatiche ma è difficile essere vere amiche in una scuola ultra-competitiva come la Urban.

– "Andavamo"? – ha esclamato Venissa. – Quindi hai proprio deciso di mollare? E cos'è 'sta storia della pallavolo?

– Finché la Urban è chiusa per lavori mi tengo in esercizio con il volley.

– Direi che funziona, sei in formissima!

– Seee?! Ma dove! Tu, Venissa, cosa fai invece?

– Danza, che domande. La Urban ha riaperto due settimane fa.

– Cosa?!

– Già! I lavori di ristrutturazione della vecchia sede costavano troppo, e così Miss Ricarda ne ha affittata una nuova. È un po' lontana ma è comoda con i mezzi. Dovresti vederla, è molto meglio dell'altra, i bagni sono stupendi, c'è una palestra in più e Miss Ricky ha potuto aggiungere dei corsi! Ce n'è uno di hip hop pieno di ragazzi che… –. Papà ha ridacchiato. Venissa ha tagliato corto: – Insomma, quando torni?

Presa alla sprovvista, ho balbettato: – Oh, be', non so…

– Come! Tu eri una delle migliori, Miss Ricarda lo dice sempre! O per te ora c'è solo il volley? –. Venissa ha fatto una faccia disgustata, manco fossi diventata insettivora.

– No… cioè, sì. Ho iniziato pallavolo per caso, poi ho scoperto che mi piace… abbastanza. Ormai faccio parte di una squadra, le Wild Swans, e sai, fra allenamenti, partite e tutto mi resta poco tempo. Ma un salto lo faccio, promesso.

– Presto, eh? Ho ancora il tuo numero, ti scrivo l'indirizzo… e l'orario del corso di hip hop – ha aggiunto Venissa.

Papà e io l'abbiamo seguita con lo sguardo mentre correva via. Poi lui mi ha guardato: – La pallavolo ti piace... *abbastanza*? Credevo ti piacesse *molto*.

Lo credevo anch'io. Ma in quel momento mi sentivo confusa. Ancora di più, quando nel giro di pochi minuti mi è arrivata una notifica di WhatsApp:

VENISSA
Che bello rivederti :))) La Urban è in via Lacedelli 18. Ti aspettiamo!!! Se puoi vieni mar o ven alle 17, c'è il corso di hip hop dei fighi! PS simpatico tuo papà ;)))

Ho riferito a papà, che ha finto di rannuvolarsi. – Avrei preferito "fighissimo", ma alla mia età mi devo accontentare... Un soldo per i tuoi pensieri, *my princess*.

Ho sospirato. – Ho detto a Venissa che ormai faccio parte di una squadra. Fino a ieri sera ne ero sicura, ma forse ho rovinato tutto. Lo capirò solo al prossimo allenamento.

Cioè fra poco. Anche il 2 novembre è passato senza messaggi delle Swans. Non ne ho mandati nemmeno io. E non solo perché ero immersa nei problemi di geometria che la

Pulicinelli mi ha dato per la storia di lelepip: avevo paura di riconoscere quanto sono stata scorretta e antipatica. In compenso ho ricevuto un sacco di messaggi da Venissa. E poi da Emma, Nicole e altre ex compagne della Urban. Tutte variazioni sul tema "Quando torni?".

Be', si capisce. Mi conoscono da anni, le Swans da un mese o poco più. Per loro sono l'ultima arrivata. Non conto quanto Daria o Yuxin. Sono ancora "in prova". Basta uno sbaglio (ok, io l'ho fatto bello grosso) e sono fuori. Magari non dalla squadra, ma dal loro cerchio magico.

Oppure mi sbaglio, chissà?

Quando in spogliatoio mi accoglie il solito allegro *bla bla* potrei illudermi che gli ultimi tre giorni siano stati un brutto sogno. Argomento, la partita contro le Zodiac.

– *Il ricavato servirà a comprare materiale scolastico per bambini di famiglie disagiate* – legge Daria sul manifestino appeso alla parete. – Boh, forse quei bambini sarebbero più contenti se gli comprassero dei giocattoli.

– Seee, lo sai quanto costano i giocattoli? – replica Irene. – Con il ricavato di una partita come questa al massimo compri lo sgabuzzino delle scope della casa di Barbie!

Non posso fare a meno di ridere anch'io, e finalmente le Swans si accorgono di me.

La temperatura crolla sottozero. Kiki è l'unica a dirmi «ciao».

– Non avevi nessuna festa, oggi? – punzecchia subito Irene.

Faccio finta di niente. – Mi pare che le Zodiac non siano cattive come le Scintille, no?

– Le cattive non dovrebbero farti paura, Maleficent – commenta Daria.

No, Eva, non ti hanno perdonato. Perché avrebbero dovuto? Il torto è tuo, e non hai ancora chiesto scusa. Fallo adesso, subito. Cogli l'occasione! Sto per farmi avanti ma in spogliatoio arriva Yuxin, che mi lancia uno sguardo così gelido che il "mi dispiace, Swans" mi resta incastrato in gola.

5

RITORNO SULLA SCENA DEL DELITTO

Tank e Stella ci aspettano in campo, sorridenti.

Mi sento in colpa anche verso di loro. Tancredi detto Tank, il coach guru con i capelli grigi e la faccia giovane, che ci dice sempre di metterci il cuore, e Stella, più combattiva e tecnica ma protettiva come una sorella maggiore. Stimano molto Yuxin e apprezzano gli sforzi che fa per conciliare il suo senso del dovere verso la famiglia e l'amore per la pallavolo. Sono stata ingiusta con lei.

Però che colpa ne ho se nella mia vita ci sono feste stupende alla Love Cream e in quella di Yuxin no?

Esercizi per il riscaldamento con la musica (oggi Stella ha scelto *We Will Rock You* dei Queen) poi i soliti palleggi a coppie, io con Tammy. Se non sapessi che è la più buona e timida della squadra avrei l'impressione che oggi faccia di tutto per farmi sbagliare.

All'apparenza è tutto normale, ma non per uno con le antenne di Tank. – Ragazze, ormai vi conosco bene. E oggi mi sembrate un concerto con una nota stonata.

– Ma va'? – esclama Nasta, lanciandomi uno sguardo significativo.

– Saranno i postumi dei due giorni di vacanza! – sdrammatizza Stella, sempre realista. – Troppi dolcetti e scherzetti! A proposito, Eva, che peccato che tu non abbia potuto partecipare a Volleyween, ai ragazzini è piaciuto moltissimo. Credo che lo rifaremo l'anno prossimo.

– Scommettiamo che Eva romperà un'altra volta la chiave nella serratura? – dice Irene.

Stella non coglie l'ironia: – Speriamo di no! Un incidente basta e avanza. Dai, Swans, torniamo sulla rullata. Stavolta vi eserciterete a rotolare dopo aver colpito la palla. Disponetevi in due file.

L'esercizio consiste nel tuffarsi a colpire la palla, lanciata bassa dai coach, in bagher, e poi rullare via lateralmente, in capriola, verso destra o verso sinistra. Per non piantarsi come un sacco di patate occorre dosare attentamente lo slancio del tuffo, in modo da arrivare con precisione sulla palla, ma con una spinta sufficiente per rullare in scioltezza senza bisogno di aiutarsi con le mani. All'inizio non è per niente facile, ma quando la rullata viene eseguita con fluidità, sembra la sequenza di una coreografia contemporanea.

– Brava, Eva! Si direbbe che la rullata tu ce l'abbia nel sangue – si complimenta Stella.

– Grazie, coach, è tutto merito della danza...

Irene fa una smorfia stizzosa: – Certo, perché alla signorina il volley da solo fa schifo, vero?

– Perché, Irene? – le dice la coach. – Si può imparare qualcosa anche da altre discipline.

– Come no. Eva è un'esperta di ballo... e anche di balle – dice Daria, sarcastica.

Tank si rabbuia: – Cosa significa? Irene, Daria, non mi piace che usiate questo tono con una compagna.

– E a noi non piace che una compagna ci dica delle bugie!

– Coach, fatevelo dire da Miss Pinocchio il vero motivo per cui non è venuta a Volleyween!

– Perché è rimasta chiusa in casa. Non è così, Eva?

Sento le guance diventarmi viola mentre dico: – No, coach. Ho detto una bugia. Non ero a casa, sono andata alla festa di Halloween della mia scuola. Volevo solo fare un saluto ma poi non mi sono accorta che il tempo passava e...

I coach mi guardano. Si guardano con un'espressione più stupita che arrabbiata. Glielo leggo negli occhi: "Possibile

TORNIAMO ALLA RULLATA...
OGGI VI ESERCITERETE A ROTOLARE DOPO AVER COLPITO LA PALLA.
TUNF
COLPIRE...
SÌ!
ROTOLARE...
E TORNARE IN POSIZIONE!
TUNF

che una delle nostre allieve si sia comportata così?".

– ...e quando sono arrivata qui era troppo tardi, Volleyween era già finito e ho litigato con le Swans. Mi sono scappate delle frasi stupide.

Tank prova a fermarmi: – Eva, tu...

– Lo so, coach, ho sbagliato, mi dispiace, ma non sono perfetta come voi, sono fatta così! E se vi ho deluso, se volete che me ne vada, ok, ciao e grazie di tutto!

Un minuto dopo sono in strada.

È ancora presto e non ho nessuna voglia di andare a casa. Finire i compiti e spararmi qualche video dei miei Youtubers preferiti non mi attira per niente. Non potrei neanche andare a piangere sulla spalla di Laura, che è a un corso di cristalloterapia. E se anche fosse a casa, mi offrirebbe una delle sue tisane ayurvediche dai nomi suggestivi, Mistica Compassione o Respiro del Cosmo. Invece io ho bisogno di consolazioni più dolci e pannose. E prima ancora che me ne renda conto, il mio navigatore interno mi sta indirizzando verso la Love Cream.

È un po' come tornare sul luogo del delitto. Perché è per colpa di un'ora di troppo alla Love Cream che ho bisticciato con le Swans, ma il vero delitto sarebbe rinunciare ai suoi squisiti gelati.

Non sono certo felice di essere intollerante al glutine,

ma è sempre meglio che essere allergica ai latticini, perché in quel caso ora non potrei gustare questo divino misto creme abilmente spalettato dalla gelataia della Love Cream, e dovrei puntare sui sorbetti alla frutta. Qui sono buonissimi, intendiamoci, ma sull'umore non hanno il magico effetto del triplo cioccolato, del croccantino e degli altri gusti a base di panna.

Secondo me dovrebbero essere serviti obbligatoriamente a tutti i summit dei Grandi del pianeta. Addolciti dalla bontà dei gelati made in Love Cream, i leader mondiali dimenticherebbero i contrasti e vorrebbero solo pace, prosperità e buon gelato per tutti i popoli della terra.

Nella sala non c'è più traccia della festa di Halloween, al posto del palco dove si esibivano i Bone Direction ci sono altri tavoli, quasi tutti occupati. E mi rendo conto che sono l'unica ragazza del locale che sta mangiando il gelato tutta sola.

Alla Love Cream non si va mai da soli. Gli unici a farlo sono gli anziani, che prendono un cono abbastanza grande da nasconderli nel caso incontrino per strada il loro medico, e se ne vanno leccando con aria colpevole e beata.

Alla mia età se vai a mangiare il gelato senza almeno un'amica, sei una sfigata. Il pensiero mi guasta un po' il piacere di stritolare sul palato le meringhe del mio gusto preferito, il Pavlova: panna, meringa e fragole.

Sto per scivolare giù dallo sgabello per andarmene, quando succede una cosa che mi inchioda il sedere lì dov'è.

Dall'ufficio del proprietario è uscito un ragazzo alto e snello con una piccola cresta di capelli neri e una busta in mano.

– Tu e i ragazzi ve li siete meritati, Frankie. La festa di Halloween è stata un successo – dice una voce dietro la porta.

– Grazie, alla prossima – risponde il ragazzo, senza troppo entusiasmo.

Si volta e incontro i suoi occhi scuri. Oddio, è lui! Il bassista dei Bone Direction! Senza il trucco da zombi è molto, molto più carino.

Avanza nel locale con aria distaccata. Eppure sembra molto popolare. Dai tavoli ragazzi e ragazze lo chiamano, i più vicini gli toccano le mani. Lui non risponde, al massimo concede un sorrisetto. Troppo *cool*! Oh, no, ora si è accorto che lo guardo. Mi fissa un attimo, interdetto. Si chiederà cosa

FRANKIE

vuole da lui quella sfigatella che mangia il gelato sola come un cane.

Aiutooo! Sta venendo proprio verso di me! Calmati, Eva. Come può averti riconosciuto a prima vista, senza quel trucco da vamp?

Non ho scampo. Punta proprio qui. Deglutisco a fatica mentre divento più rossa delle fragole del Pavlova. Mi preparo a dire qualcosa di brillante. O almeno non stupido. Insomma, a dire una cosa qualsiasi, purché non balbettando.

«Hai indovinato, sono Maleficent. Ma porto le corna solo quando sono in servizio.»

Oppure: «Cosa fai quando non suoni truccato da zombi? La comparsa in *The Walking Dead*?».

Sono pronta. Meno tre passi al contatto. Meno due. Meno uno... Respiro a fondo e assumo l'aria più naturale possibile.

Ma che fa? Mi supera senza nemmeno degnarmi di un'occhiata e si dirige verso l'uscita.

Se ci rimango male, io? Nooo. Malissimo. Non mi sono mai sentita così idiota. Che doccia fredda! Una doccia fredda, sgradevole, densa, appiccicosa...

Densa e appiccicosa?

Sì, Eva. Perché non è l'acqua di una doccia. È, o meglio, era il gelato che cinque minuti fa ti sei dimenticata di avere in mano. E che ti sta sgocciolando addosso.

6

HIP HOP E PALLAVOLO

– I Cigni Selvatici migrano con l'autobus, adesso?

Sobbalzo, mi volto. E mi ritrovo a fissare due occhi grigio bluastri, come l'asfalto. Sono quelli di Frankie, il bassista, a un passo da me, in attesa del mio stesso autobus. A quanto pare oggi il destino ha deciso di scaricarmi addosso una dose di emozioni sufficiente per cinque ragazze. In questo momento, da qualche parte del mondo, quattro ragazze si stanno lamentando di un pomeriggio noiosissimo.

Sarebbe sciocco chiedergli come ha indovinato il nome della mia squadra: *Wild Swans Volley Team* è scritto bello grande sulla mia borsa sportiva. Piuttosto mi piacerebbe sapere perché in gelateria mi ha snobbato mentre qui alla fermata dell'autobus mostra interesse.

– Migrano con l'autobus solo quando non possono usare la metro – rispondo, fingendo indifferenza.

– Carina!

Bah, posso fare di meglio, ma Frankie non lo sa. A meno che si riferisse a me, e non alla battuta.

Siamo già a corto di argomenti. Restiamo in silenzio, spiando alternativamente l'arrivo dell'autobus e i nostri rispettivi sguardi.

Poi, contemporaneamente: – Tu che bus prendi?

– Il 25!

– Anch'io!

Scoppiamo a ridere, il ghiaccio è rotto.

– Continuiamo a parlare a cappella? – scherza lui.

– Anche no, grazie!

Mi fissa dubbioso: – Ma... sei tu, vero?

– E tu sei tu, vero?

Stavolta ridiamo insieme. Quando si rilassa e non si atteggia a duro è ancora più carino.

– Scusami se l'altra sera alla festa ti ho messo a disagio – dice, in tono gentile. Mi dà un'occhiata. – Ti avevo già riconosciuto in gelateria.

– Davvero? E allora perché non mi hai salutato lì?

Sospira: – Se l'avessi fatto, ora tutta quella gente starebbe spettegolando.

– Perché parlavo col bassista dei Bone Direction?

– No, con Frankie dei Noyz Boyz. È la mia *crew*, facciamo hip hop e siamo abbastanza famosi. Ma quando dobbiamo finanziarci suonando alle feste diventiamo i Bone Direction, la zombi-boyband. A Halloween andiamo fortissimo. E così truccati nessuno dei nostri fan *hiphoppettari* ci riconosce. Se sentissero suonare quel pop commerciale ci lincerebbero! È una specie di doppia vita.

– Ho capito. Devo tenere il segreto, vero?

– Sei una ragazza intelligente. Come tutte quelle che fanno pallavolo…

– La tua fidanzata fa volley, per caso? – butto lì, audace.

Frankie ride: – No, mia sorella. Ha iniziato da piccola, ora è in una squadra giovanile.

– Io invece ho cominciato da poco, e quasi per caso. Prima facevo danza alla Urban Dancer.

– Ma dai! – esclama lui. – Io seguo il corso di hip hop lì, ma non ti ho mai visto. Devi essertene andata proprio quando ho cominciato io.

Approfitto del fracasso di un autobus in arrivo per replicare in fretta: – Peccato!

È il nostro bus, il 25. Saliamo insieme.

– È già tardi – dice Frankie, mentre fuori dal finestrino

scorre una fila di vetrine illuminate. – Mi sarebbe piaciuto offrirti qualcosa.

– Facciamo ancora in tempo. E conosco il posto giusto.

Scendiamo alla fermata vicino alla Polisportiva Cometa. A quest'ora il bar dev'essere ancora aperto per i nonnetti che vanno a fare i corsi serali di ballo e di ginnastica dolce.

– È uno dei miei bar preferiti – spiego a Frankie mentre ci avviciniamo. – Non è il massimo dello chic ma ci sono molti snack per i celiaci come me. Lo sai cos'è la celiachia?

– Allergia al glutine. Conosco il problema. Ce l'ha mia sorella.

Noto che Frankie si muove bene in questa zona. Non ho bisogno di guidarlo, cammina verso la Cometa come se conoscesse già la strada. Quando entriamo, imbocca il corridoio di destra.

– Ehi, Frankie, dove vai? Il bar è a sinistra.

– Ah, sì? Quando ci venivo io era da questa parte. Ma vedo che è cambiato tutto.

– Come? Tu venivi qui?

– Sì, a fare ginnastica. Da piccolo abitavo in una strada qui vicino.

– Ma dai! Chissà se qualcuno qui si ricorda ancora di te!

Detto, fatto. Dalla segreteria esce la signora Celeste con

soprabito e borsa. – Anche per oggi ho finito! Eva, ma cosa ci fai qui a quest'ora? Le Swans se ne sono andate da un pezzo... E tu chi sei, giovanotto?

Frankie le sorride, Celeste stringe gli occhi per guardarlo meglio. Poi si illumina e lo abbraccia con calore: – Ma sei Francesco? Francesco Donati? Non ci credo! Fatti guardare... Mamma mia quanto sei cresciuto. E come sei magro! – aggiunge, tastandogli le costole.

– Rispetto a quando venivo qui lo sono di sicuro: ero una palla di lardo! Per questo mi mandavano a fare ginnastica.

– Ma va', eri un amore! Non che adesso tu sia brutto, eh. Vero, Eva? –. Celeste mi strizza l'occhio. – Però devi mangiare di più, figlio mio. Andate a prendere qualcosa al bar e dite che offre la Celeste.

– Siamo qui per questo!

Mentre sgranocchiamo barrette al sesamo, Frankie e io ci raccontiamo le nostre vite. Lui fa la seconda liceo classico. Avrebbe voluto andare all'artistico ma i suoi genitori si sono opposti perché secondo loro è una scuola che non dà un futuro. Per fortuna al classico ha trovato un bel gruppo di ragazzi con cui fare musica. È per restare con loro che ha passato l'estate a studiare per gli esami di riparazione in due materie.

Quando gli dico che anche papà suona la chitarra e ha collaborato con Ligabue e Jovanotti, lui resta a bocca aperta:
– Allora sei un'esperta. L'altra sera ti sarò sembrato patetico...

– Te la cavi bene, invece!... Vuoi vedere la nostra palestra?

– Il posto dove i compagni mi chiamavano "ciccione imbranato"? Sicuro! Adoro rispolverare ricordi dolorosi – replica, con un sorrisetto.

– Pensa a come rosicano oggi i tuoi compagni nel vederti magro e popolare...

– Fatti loro. Io mi vedo ancora come un ciccione imbranato. Certe cose ti rimangono dentro.

Ma, come Frankie, anche la palestra è cambiata. Gli attrezzi sono stati rinnovati e tutto l'ambiente ha un aspetto più moderno e luminoso.

– Molto meglio che ai miei tempi. È qui che ti alleni? – mi chiede, facendo rimbalzare sulla mano uno dei nostri palloni.

– Sì, anche se ho litigato con le mie compagne. Per colpa tua, in un certo senso.

Frankie ferma la palla: – Dai! E perché?

– Per ascoltarti alla festa della Love Cream sono arrivata in ritardo a una dimostrazione di volley per bambini che avevamo... ehm, avevo organizzato qui. Le mie amiche se la sono presa e io ho reagito male.

Lui diventa un po' rosso: – Le capisco. Se lasciassi a piedi la mia *crew* per colpa di una ragazza, mi squarterebbero!

– E cosa faresti per rimettere le cose a posto?

Ci pensa un attimo: – Be', gli direi che sono un essere umano e non un robot. Però gli farei capire quanto tengo a loro, impegnandomi ancora di più –. Lancia la palla e comincia a palleggiare da solo, con una naturalezza e una padronanza che mi sorprendono.

– E questo? – domando, meravigliata.

Frankie continua a palleggiare, con una mano e con l'altra: – Merito della mia sorellina! Ogni tanto mi obbliga a giocare con lei.

Mi tolgo il giubbotto e vado al di là della rete: – E allora cosa aspetti?

Frankie, senza smettere di palleggiare a mani alterne, riesce a sfilarsi la felpa e mi lancia la palla. Iniziamo a palleggiare in due, ma si vede che lui non vuole mettermi in difficoltà. È per fare il cavaliere o mi sottovaluta?

– A tua sorella piacciono le cose facili – lo stuzzico.

Per tutta risposta mi spara una schiacciata pericolosa che rintuzzo con fatica. – Se mi vuoi più cattivo... – sorride. E comincia a sfidarmi con lanci sempre più difficili che mi fanno correre da una parte all'altra.

Lui invece non è mai impreparato. Finalmente riesco a sorprenderlo con uno dei miei pallonetti.

– Sei bravina, per essere un'ex danzatrice – scherza, raccogliendo la palla per rimetterla nel cesto. – E sono sicuro che le tue compagne non vogliono perderti.

– E io non voglio perdere loro. Grazie per avermi aiutato a chiarirmi le idee, Frankie.

– Per così poco…

Mi mette un braccio sulle spalle e preme leggermente. È più di una pacca amichevole e meno di un abbraccio. Ma mi basta per farmi battere il cuore a mille.

E così, la sera, dopo aver bisticciato con mamma perché sono tornata a casa più tardi del solito e non ho scongelato niente per la cena, mi chiudo in camera e ricomincio a scrivere, dopo giorni, sul gruppo WhatsApp delle Swans.

WILD SWANS FOREVER (IO)
Mi dispiace tanto per quello che è successo. Ero confusa e arrabbiata. Capita a tutti di sbagliare, no?

Attendo che qualcuno mi risponda. Kiki o Nasta, che a quest'ora di solito sono sveglie per la chattata della buonanotte. Ma non arriva nulla. Forse devo aggiungere la cosa più importante.

FRANKIE NON È MAI IMPREPARATO, MA POI IO RIESCO A SORPRENDERLO CON IL MIO PALLONETTO...
HA!
STUNF
ACC...
TUNF
SEI BRAVINA PER ESSERE UNA EX DANZATRICE!
FRRRRRR
E SONO SICURO CHE LE TUE COMPAGNE NON VOGLIONO PERDERTI.
!
E IO NON VOGLIO PERDERE LORO!
GRAZIE PER AVERMI AIUTATA A CHIARIRE LE IDEE...
FIGURATI, PER COSÌ POCO!

WILD SWANS FOREVER (IO)
Ma se c'è un lato positivo in tutta questa storia è che mi sono resa conto di quanto voi Swans siete importanti per me. Non voglio perdervi per uno stupido malinteso!!!

Invio e vado in bagno, sicura di trovare qualcosa al mio ritorno. Ancora niente. Neanche una faccina. Che strano. Di solito fra noi basta un messaggino e subito arrivano repliche a raffica. Ma stasera, silenzio. Che siano già andate tutte a dormire? Anche quella nottambula di Daria, che fa sempre tardi per disegnare?

Sto per infilarmi a letto, col cuore un po' pesante, quando finalmente sento lo squillino di una notifica. Agguanto il cellulare e leggo:

FRANKIE
È stato molto bello, oggi. Buonanotte

Non è proprio quello che speravo, ma credo che mi addormenterò sorridendo.

7

LA MASCOTTE E LA SCOMMESSA

Una mascotte portafortuna mica serve solo a farti vincere le partite dopo il fischio d'inizio. Per quello basta il classico amuleto tipo cornetto di corallo, oppure rituali scaramantici come non cambiarsi la biancheria, non lavarsi i capelli prima del match o il più difficile: non andare sui social per un giorno intero (le Swans usano tutti questi riti, ma rispetterò la loro privacy non rivelando chi usa quale). Ma una mascotte, se è seria, deve anche aiutarti a risolvere i problemi che disturbano la tua squadra e che possono impedirle di affrontare una partita con lo spirito giusto.

Per questo oggi dopo pranzo sono andata a casa di Tabitha.

La nostra magica capretta himalayana non abita con noi perché nessuna delle Swans può tenerla. Vive con la sua padrona in un villino stile Liberty con giardino (fortunata!), noi Swans andiamo a trovarla regolarmente, e quando abbiamo una partita ce la facciamo prestare per qualche ora. In cambio delle sue prestazioni, Tabitha riceve le cure gratuite della dottoressa Barbara Lazzari, mia mamma, nonché uno dei dieci migliori veterinari di Milano, secondo la classifica del sito specializzato www.BauMiaoCip.it.

Per fortuna Tabitha oggi era in perfetta forma. Le ho portato un po' di fioccato vegetale, un mangime di cui va pazza, e siccome era una bella giornata siamo state un po' insieme sul prato, che grazie ai suoi dentini infaticabili è sempre rasato all'inglese..

Mentre mi sgranocchiava il fioccato sul palmo della mano, le ho raccontato l'incidente con le Swans e le ho chiesto sottovoce

EVA E TABITHA

di darmi una mano, o un corno, o uno zoccoletto, perché le cose fra noi tornino come prima. In tempo per la partita contro le Zodiac, che non è poi così lontana.

La capretta ha risposto «meeeh» e l'ho preso come un sì. (Almeno credo lo fosse. Nei negozi di animali ci sono dizionari gattese-italiano e canino-italiano, ma sul capresco ancora niente.)

E Tabitha non ha belato a vanvera. Perché poco dopo mi è arrivato su WhatsApp un messaggio di Kiki.

WILD SWANS FOREVER (KIKI)
Ciao! Oggi pom c'è allenamento straordinario alle 16. Ti aspettiamo

Ho cominciato a saltare di gioia, subito imitata dalla capretta. La sua padrona ci ha viste dalla veranda ed è impazzita. È corsa in giardino, si è tolta le scarpe e si è messa a saltare anche lei insieme a noi, tutta entusiasta. Ha detto che eravamo identiche alla sua scena preferita di *Heidi*. Io ho detto che dovevo andare e le ho lasciate sole, prima che i vicini ci vedessero e chiamassero l'ambulanza.

In spogliatoio mi accoglie un'atmosfera non proprio calorosa, ma il gelo dei giorni scorsi non c'è più. Solo Irene continua a tenermi il muso e Yuxin mi parla a malapena. Ma ci sta. Ognuna ha i suoi tempi. Se voglio che le Swans accettino i miei limiti, anche io devo accettare i loro.

L'importante è che Irene e Yuxin sappiano che ho riconosciuto il mio errore, e io aspetterò che anche loro siano pronte per fare la pace.

Daria tira fuori dalla borsa una custodia da disegno: – Guardate un po'! Che ve ne pare? – dice, aprendola.

– Ooohhh!

– Daria! È stupendo!

– È proprio lei! Brava!

– Il primo disegno fatto tutto con la mia nuova tavoletta grafica volevo dedicarlo a Valentina – commenta Daria tutta fiera, accarezzandosi i codini biondi, mentre noi ci passiamo lo splendido ritratto in stile manga della nostra ispiratrice nello sport e nella vita, Valentina Diouf, con la divisa della Nazionale.

– Non hai avuto bisogno di ingrandirle gli occhi e allungarle a dismisura le gambe, come si fa di solito – osserva Kiki ridendo. – Lei è così al naturale!

– Anzi, le gambe ho dovuto accorciargliele, altrimenti non stavo nella pagina! Che dite, glielo spedisco?

– È il modo giusto perché non lo noti – dice Yuxin. – Lo sai quante e-mail riceve ogni giorno? Questo capolavoro

?
CHE VE NE PARE?
OOOH!
IL PRIMO DISEGNO CON LA NUOVA TAVOLETTA GRAFICA VOLEVO DEDICARLO A VALENTINA.
OOOH!
BELLISSIMO!
WOW!
STUPENDO!

andrebbe consegnato di persona. Perché non proviamo? In fondo ci conosce, no?

– Seee... si sarà dimenticata chi siamo! È già tanto che abbia risposto alle domande che le abbiamo spedito...

– Valentina non è il tipo – affermo sicura. – Vero, Jo? Noi l'abbiamo conosciuta di persona e secondo me si ricorda di noi eccome. Anzi, proviamo subito –. Prendo il cellulare e le mando un Sms firmato a nome di tutta la squadra. *Ciao, Vale! Tutto ok lassù? Abbiamo una cosa importante da dirti!*

– Come puoi dubitare, Daria? – dice Irene sarcastica. – Abbiamo qui Eva con il suo *magic touch*. In questo momento Valentina Diouf sta dicendo al cittì Bonitta: «Stop! Pausa l'allenamento, bello, non importa se domani abbiamo la partita col Brasile, devo rispondere subito alla squadra dei casi umani, non so se mi spiego!».

Trattengo una replica tagliente: – Io dico che ci risponde.

– Sì? L'anno prossimo? Fra due anni?

Non so cosa mi passa per la testa ma le dico: – Entro stasera.

– Scommettiamo?

– Ok. Scommetto la mia cover con la foto di Mika autografata. Ce l'ho solo da una settimana. Se Vale risponde, è tua.

Mi guarda sbalordita: – Wow! Ci tieni veramente poco!

– Ma se risponde, tu smetterai di trattarmi male e sarai carina con me sempre e comunque. Ci stai?

Irene stringe la mano che le porgo: – Ma certo! Sarà fantastico poterti trattare male e scipparti quella fantastica cover.

Stella si affaccia allo spogliatoio con aria severa: – Ehi, è mezz'ora che vi chiamiamo, venite in palestra, o no? Mi raccomando le ginocchiere, oggi continuiamo con la rullata –. Il tono è arcigno ma negli occhi le si legge il sollievo di vedere le Swans chiacchierare di nuovo insieme, affiatate come prima… o quasi.

Mentre ci avviamo verso il campo, Irene continua a lanciarmi sguardi tipo "non so se sei più pazza o presuntuosa". E io penso: «Eva, ma cosa ti è saltato in mente? Quella cover te l'ha fatta avere papà, attraverso un suo vecchio amico di Londra che lavora nella casa discografica di Mika. Quando te l'ha data hai pianto! E ora stai per perderla per una bullata. Hai scommesso che la star dello sport più famosa d'Italia risponderà seduta stante al messaggio di una squadra di periferia di cui ha tutto il diritto di aver dimenticato l'esistenza!».

Non avresti dovuto. No, non avresti dovuto.

Siamo già nel corridoio quando alle nostre spalle, nel silenzio dello spogliatoio, risuona un *dlin*.

È indubitabilmente il mio cellulare. Mi è arrivato un messaggio.

Irene e io ci scambiamo uno sguardo. Mi precipito a tirare fuori il telefonino dalla borsa e lo mostro a Irene con un sorriso trionfante.

Lei lo guarda e resta basita. Poi mi prende per mano e, in tono rassegnato, mi fa: – Su, amoooreee, ci aspettano in palestra!

8

IMPARARE A CADERE

–Vi chiederete come mai insistiamo tanto sulla rullata – dice Tank, dopo il riscaldamento. – È una tecnica utile, ma da sola non serve a fare punto, come la schiacciata. E nemmeno a evitare di perderlo: inutile salvare la palla, se non c'è subito lì qualcuno pronto ad alzarla e a mandarla di là. Perché allora è così importante impararla?

All'improvviso parte una musica indiana tipo meditazione, e noi scoppiamo a ridere.

– Scusa, Tank! – dice Stella. – È che sento che sta per arrivare uno dei tuoi discorsi da guru.

Il coach lascia correre e sorride: – Dicevo, Swans, perché è così importante la rullata nella pallavolo? Perché ci ricorda che per imparare a volare bisogna imparare a cadere. È la forza di gravità a tenerci tutti quanti attaccati a questo pianeta. Ed è sempre lei ad attirare la palla al suolo, magari dove non vogliamo. La vostra vera avversaria non è la schiacciatrice al di là della rete, ma la gravità. Ogni partita, in realtà, è una partita contro di lei.

Daria alza la mano: – Quindi, coach, la nostra prossima partita non è Swans contro Zodiac, ma Swans e Zodiac contro Gravità?

– Sì, a meno che non la giochiate sulla Stazione Spaziale Internazionale. Ed è una partita persa, perché sulla Terra vince sempre la gravità.

– Coach, oggi sembri Isaac Newton – scherza Kiki.

– Forse caduta mela su tua testa? – rincara Nasta.

A questo punto sbotto io: – Smettete di interromperlo! Sta facendo un discorso interessantissimo.

So che Irene sta per rimbeccarmi acidamente, ma con un'occhiataccia le ricordo che ha appena perso una scommessa.

Lei capisce e bela gentilmente: – Sì, Eva, hai proprio ragione.

Tank, paziente come un vero guru, riprende la lezione. Ci spiega che non possiamo vincere la forza di gravità, ma possiamo farne un'alleata preziosa. E il primo passo è superare l'istintiva paura di cadere. Se non temiamo più il contatto con il suolo, se sappiamo controllare il nostro modo di impattarlo e non farci male, cadere a terra al momento giusto diventa un punto di forza. Sappiamo che potremo rialzarci subito e riprendere il gioco.

– C'è un altro lato positivo – aggiunge Stella, sempre realista. – Con un pizzico di acrobazia il gioco diventa più avvincente e il pubblico viene a vederci più volentieri. E quando l'obiettivo è raccogliere fondi per una buona causa, come nella partita contro le Zodiac, un po' di spettacolo può fare la differenza!

Daria si acciglia: – Già, le ho viste su YouTube, sono molto forti in acrobazia. Rimbalzano più della palla. Eppure sono belle alte! Ma come fanno?

– Sanno cadere! – dice Tammy.

– Non solo, – la corregge Tank – lo trovano anche *divertente*. E così divertono anche chi le guarda. Per questo sono una delle squadre più popolari nel settore giovanile.

Accidenti! Ho invidiato le Scintille, la blasonata squadra del quartiere della moda, fatta di ragazze con cognomi famosi e guardaroba strafighi, ma sono un po' gelosa anche di queste Zodiac spericolate che sanno intrattenere il pubblico come artiste del circo.

Ma chi ci impedisce di diventare come loro? A noi due, forza di gravità!

Quando si tratta di palleggi, schiacciate e bagher ce la caviamo tutte più o meno bene. Ma nonostante gli esercizi, la rullata spacca ancora le Swans in due categorie: chi non ha paura di cadere e chi reagisce come un gattino spaventato. Quelle coraggiose siamo Jo e io, che abbiamo alle spalle un po' di pratica di tuffi, io a danza e lei come ex portiere di calcio, Irene, che è fin troppo kamikaze, e Yuxin, sottile e leggera come una piuma. Quelle timide sono Tammy, Nasta, Daria e Kiki, le Swans più alte e robuste, che si irrigidiscono anche quando ad attenderle c'è un rassicurante tappetino. Nasta poi è un caso patologico. Quando si tratta di slanciarsi verso l'alto è nel suo elemento (a Minsk era campionessa giovanile di salto in alto), ma a buttarsi apposta verso il basso non ce la fa, nemmeno con tutte le protezioni del mondo.

– Mi dispiace, io paura di male! – si dispera, gli occhi ancora più azzurri per un velo di lacrime.

Irene le mette la mano sulla spalla. – Il problema opposto al mio, Na'. Ho la soglia del dolore bassissima. Soffro solo davanti ai film di cani. Preferisco rompermi tutte e due le gambe che rivedere *Hachiko, il tuo migliore amico*.

– Oh, no! Perché tu mi ha ricordato? – ulula Nasta, che ora piange a dirotto. – *Hachiko* è film più commovente di mondo!

Anche Daria inizia a singhiozzare: – Quando il cane e Richard Gere si conoscono alla stazione… e poi lui muore... e il cane lo aspetta tutti i giorni in stazione per dieci anni... e poi muore anche lui... Kiki, tu l'hai visto *Hachiko*?

Kiki non risponde e solo io so il perché. La storia di cani più vera e commovente è la sua.

Il collare borchiato che indossa sempre è quello di Phantom, il cane che aveva da piccola e che è morto fra le sue braccia dopo essere stato investito.

Mamma era la sua veterinaria e me l'ha raccontato. Ma è un segreto e non posso dirlo a nessuno.

– Eva! Lo fai apposta! – sbotta Daria, che per l'ennesima volta si è bloccata davanti a una palla che avrebbe dovuto e potuto salvare.

– Certo che lo faccio apposta! – protesto. – Ce l'ha chiesto Stella!

– Sì, Daria – conferma la coach. – Oggi voglio tiri bassi, vi servono a introdurre la rullata tra le tecniche che usate in partita. La nostra partitella quattro contro quattro è un punto di partenza. Dai, riprova.

Quando negli allenamenti giochiamo quattro contro quattro, ci dividiamo in due formazioni, le Wild e le Swans. È solo una finzione, ma serve ad accendere un minimo di agonismo. In quei momenti siamo veramente due squadre avversarie che gareggiano senza farsi sconti, e questo ci aiuta a imparare di più.

Daria e Jo sono Wild insieme a Irene e Nasta. Lei e Daria sono sempre perfette nelle alzate, ma nei salvataggi in tuffo faticano ancora. Nasta riesce a rotolare ma non a rialzarsi, Daria si blocca per paura di fare brutta figura. E invece il bello della rullata è proprio il suo dinamismo! Rotolare serve a dare velocità e impeto al colpo, e a farti tornare in piedi già carica come una molla.

Nelle Swans Tammy e Kiki hanno lo stesso problema. La paura di buttarsi e l'elasticità sono il loro punto debole.

– Mia! – grida Tammy lanciandosi volenterosamente su un tiro pericoloso di Jo. Con il suo occhio clinico per le traiettorie, riesce a colpirlo bene, ma si rialza appoggiandosi sulle mani. Tank scuote la testa.

– Io ci riesco solo così, coach! – spiega Tammy.

– Puoi riuscirci anche in rullata. Ma devi spegnere l'interruttore della paura – sentenzia il coach.

– È l'allenamento più deprimente di tutta la mia carriera – mugugna Daria, mentre usciamo dalla Cometa.

– Odio fare i conti con i miei limiti – sbuffa Kiki.

Nasta risponde con un gemito e Tammy è così avvilita

LE ZODIAC SONO BRAVISSIME A RIMBALZARE...
MA COME FANNO?
SANNO CADERE!
NON SOLO: LO TROVANO ANCHE DIVERTENTE!
E CHI CI IMPEDISCE DI DIVENTARE COME LORO?
GIÀ!
A NOI DUE, FORZA DI GRAVITÀ!
HOP!
TUMP
HA!
CE L'HO FATTA!
AAAH!
TUMP
MI DISPIACE, IO HA TROPPA PAURA DI FARE MALE...

che non ha nemmeno il coraggio di proporre la solita merenda kebabbara dai suoi genitori.

Jo, da bravo capitano, cerca di incoraggiarle: – Dai, ragazze, ci vuole solo un po' tempo...

– Jo, la partita con le Zodiac è fra pochi giorni! Faremo una figuraccia!

– Rispetto a loro sembreremo dei fermaporta!

– E poi i nostri coach sembrano tenerci molto alla rullata. Li stiamo deludendo.

Irene si illumina improvvisamente. – Be', Swans, so io come tirarvi su. Ho per voi... cioè... la nostra impareggiabile Eva ha per voi una notiziona! Soprattutto per te, Daria. Diglielo, Eva!

– Valentina ha risposto al mio messaggio! Credo proprio che riusciremo a consegnarle di persona il tuo disegno, Dariuccia!

La notizia ha il suo effetto, e anche sui visi più abbacchiati torna un sole splendente.

Anche perché Jo butta lì un'idea geniale: – E in cambio del tuo capolavoro le chiederemo di spiegarci come vincere la paura di tuffarsi!

9

UN ALLENAMENTO SPECIALE

Oggi papà ha mollato per qualche ora Papille, il suo ristorante per Vip sul lago, ed è venuto a prendermi a scuola! Era una vita che non succedeva. Per me è sempre un momento di gloria, perché i miei compagni sanno che quel quarantenne figo e atletico che mi assomiglia come una goccia d'acqua è Olli Lazzari, il chitarrista che ha suonato con tutte le star di cui i loro genitori vanno pazzi.

Però non capiscono perché papà abbia mollato la musica per fare lo chef. Io gli spiego che oggi i cuochi sono più famosi delle rockstar, tant'è vero che il cellulare di papà squilla più spesso di prima. Giornalisti che vogliono intervistarlo, radio che gli chiedono in diretta ricette, talk show che lo invitano per dare consigli alle signore su cibo e salute, e perfino le rockstar che una volta lo volevano come chitarrista e oggi lo supplicano di andare a cucinare nelle loro ville per le grandi occasioni.

– Ma la telefonata più incredibile mi è arrivata stamattina! – mi dice papà, mentre ci sediamo a un elegante bistrò biologico appena aperto da una sua conoscente in una via elegante del centro. – Era il mio ultimo agente, quello che mi aveva scaricato di brutto l'anno scorso perché secondo lui ero uscito dal giro. «Complimenti per la tua nuova carriera, Olli!» mi fa. «E se avessi bisogno di un agente, sono a tua disposizione.» Gli ho detto che sì, in effetti ho bisogno di un agente, ma che stavolta voglio il migliore sulla piazza.

– Grande, papà! Così impara.

Ricordo bene la sera in cui quel tipo lo aveva mollato. Papà cercava di nasconderlo a me e mamma, ma c'era rimasto malissimo.

– Forse anche tu avresti bisogno di un agente, principessa. Il tuo cellulare non fa che squillare.

Sì, in effetti avrei fatto meglio a togliere la suoneria. Questa è l'ora in cui Frankie e io ci raccontiamo com'è andata la giornata a scuola. Probabilmente starà provando e riprovando, chiedendosi come mai non rispondo.

– Sarà qualcuna delle Swans, papà, la partita con le Zodiac è fra due giorni.

– Be', richiama, che aspetti? Magari è urgente. Ti vedo agitata.

– Tranqui, non c'è fretta, posso farlo anche dopo.

Fa' che non si accorga che stai diventando rossa. Fa' che non si accorga che...

– Ahi ahi, stai diventando rossa! Mmm... non ti fidi più di me, principessa? –. Mi tende la mano e io la stringo.

– Mi fido sempre di te. Non sei solo il mio papà ma anche il mio amico speciale numero uno.

Lui sospira: – Quindi ora nella tua vita c'è anche un amico speciale numero due. Be', era ora che succedesse. E se ha colpito la mia esigentissima principessa sarà sicuramente un tipo in gamba. Solo, spero per te che non abbia niente a che fare con la musica! Noi musicisti siamo irresistibili, ma la nostra specialità è combinare disastri con le ragazze, soprattutto quando siamo giovani... Ehi, amore, cosa ti succede? Ti è andato di traverso il centrifugato all'ananas?

FRANKIE
Oggi sei sparita, che è successo?

IO
Ero a pranzo con mio papà. Scusa se non ti ho risposto

FRANKIE
Non preoccuparti, capisco. Tutto ok?

IO
Sì grazie :)

No, Eva. Questo non puoi chiederglielo. È stupido. Ferma le tue dita che vorrebbero digitare: "Frankie, è vero che i musicisti sono specializzati nel combinare disastri con le ragazze?".

Per fortuna ho abbastanza testa da trattenermi. Invece gli scrivo: *Devo salutarti, più tardi abbiamo un appuntamento importante. Con Valentina Diouf!!!*

– Solo una *it girl* come lei poteva darci appuntamento in un *nail salon*! – cinguetta Irene davanti a un esclusivo laboratorio per patite delle unghie.

La gente che passa ci guarda con simpatia. Siamo proprio carine! È stato tutto un traffico di consigli via chat, nel pomeriggio: volevamo fare buona impressione sul nostro mito, ma senza essere troppo agghindate né troppo sciatte.

Non per vantarmi, ma ho fatto da consulente a distanza un po' a tutte.

– *It girl*? Cos'è? – chiede Jo.

– Una ragazza famosa che convince le ragazze non

famose a comprare cose superflue – dice asciutta Kiki.

Irene sbuffa: – E dai, non diventarmi la vecchia zia Enrichetta! *It girl* è una ragazza cui tutte vorrebbero assomigliare, nel look e nello stile di vita. Proprio come Valentina. Le piace divertirsi ed essere alla moda. Che male c'è?

– Soprattutto quando una è anche il miglior opposto in Champions League – sottolinea Daria, che tiene sottobraccio, in una elegante cartellina, il ritratto manga style di Valentina, pronto per la consegna.

– Ci ha dato appuntamento nel suo *nail salon* di fiducia perché è tranquillo e riservato – spiego. – In qualunque altro luogo pubblico sarebbe stata presa d'assedio dai suoi fan.

– Tipo quelli che vogliono farsi autografare un pallone da volley – dice Yuxin. E tira fuori dalla sua borsa uno dei nostri palloni. Le compagne la acclamano.

– Grande idea, Yuxin! Su, andiamo,

KIKI

ha appena scritto che ci aspetta in un salottino interno.

Le ragazze del *nail salon,* tutte orientali e vestite con camici chic e immacolati, ci accolgono con simpatia. Valentina deve averle avvertite. Una di loro guarda con insistenza Yuxin e le dice qualcosa in cinese.

Lei si illumina e le risponde con calore, poi si rivolge a noi: – Vi presento mia cugina Meifeng! Non sapevo che lavorassi qui.

– E io non sapevo che tu e le tue compagne conosceste la signorina Diouf! Prego, seguitemi – ci invita Meifeng, facendoci strada fra due file di postazioni dove ragazze e signore stanno facendosi cesellare le unghie come gioielli da *nail artist* silenziose ed efficienti.

Entriamo in un salottino appartato, riservato alle clienti che vogliono mantenere la loro privacy.

Jo e io, che abbiamo già superato lo choc dell'incontro faccia a faccia con Valentina, precediamo le altre Swans, emozionatissime.

La nostra azzurra preferita ha le dita nell'asciugasmalto e ci saluta con un sorriso: – Ehi, benvenute! Scusate se non tolgo le mani da qui…

– Non ci credo… non ci credo… sono davvero a un metro da lei… – balbetta Irene.

Vale alza gli occhi al cielo: – Su, non esagerare! Se fai

così con me, con le persone veramente importanti cosa fai?

– Ma per noi tu sei importantissima! – dice Nasta. – Abbiamo tue foto in camera e in spogliatoio.

– Sei il nostro modello e speriamo di diventare brave come te – dice Tammy, tutto d'un fiato.

– Tu sei Tahmeena, vero? Diventerai anche meglio di me, ne sono sicura.

– Ti abbiamo portato una cosa... – dico, spingendo avanti Daria, che è pallidissima e rossa come un pomodoro a minuti alterni.

– Le mie passioni sono la pallavolo e il disegno, e così... – dice lei, porgendole la cartellina.

– Ehm... Vale ha le mani impegnate, mi sa che devi aprirla tu, Daria – suggerisce Irene.

Valentina guarda il ritratto e spalanca gli occhi: – Ma è stupendo! Questo me lo appendo in camera, se mia mamma non me lo ruba per metterlo in salotto. Daria, sei grande! Se sei brava sotto rete come nel disegno, ti vedremo presto in azzurro!

Daria chiude gli occhi: – Grazie. Ora posso morire felice.

– Non darle retta, Vale! Prima Daria deve pubblicare in Giappone il suo manga sulle Wild Swans.

– Qualcosa mi dice che ce la farà! – sorride la campionessa. – Avete partite in programma a breve?

– Sì, un incontro a scopo benefico con le Zodiac – risponde

capitan Jo. – Il ricavato servirà a comprare libri e quaderni per i bambini meno fortunati.

Valentina approva: – È bello quando lo sport riesce ad aiutare chi ne ha bisogno. Brave. Ma anche se lo scopo è benefico vi piacerebbe vincere, vero?

– Eh, sì! Però dobbiamo aggiustare certi punti deboli...

– Dilla tutta, Jo – la interrompe Daria. – Alcune di noi non riescono a rullare. Io sono la più negata.

Valentina alza gli occhi al cielo. – Come ti capisco! Nemmeno per me è stato facile... Pratica, ci vuole tanta pratica.

– Noi ci siamo allenate, – sospira Daria – ma è ancora difficile.

Lei resta un attimo soprappensiero, guarda l'orologio, poi si controlla le unghie. – Asciutte! Vediamo se si può fare.

Si alza, chiama una delle ragazze che gestiscono il negozio e le domanda qualcosa. Questa fa una telefonata, sparisce per qualche minuto e torna con un mazzo di chiavi.

Valentina le sorride: – Grazie, Bao! Queste ragazze mi hanno fatto un regalo stupendo e devo sdebitarmi. Venite, Swans!

Bao, che sembra minuscola rispetto a Vale, ci conduce verso una porta con il cartello PRIVATO e lungo un corridoio. Qui apre un'altra porta chiusa a chiave e ci ritroviamo in una palestra dalle pareti dipinte a colori caldi, e, appesi alle pareti, dei cartigli scritti in cinese.

– È un centro di arti marziali – spiega Bao – e comunica con il *nail salon* perché i maestri sono della nostra famiglia. Fra mezz'ora inizia il corso, quindi fate in fretta. E mi raccomando, toglietevi le scarpe.

Ci guardiamo senza capire. – Che ne dite di fare due palleggi? – sorride Valentina. – Per fortuna sono vestita comoda. Via le scarpe! Accidenti, però non abbiamo un pallone…

– Sì, invece! – dice trionfante Yuxin.

E inizia un sogno. Un sogno in cui noi Swans giochiamo con il nostro mito. Che ora non sembra affatto un mito, ma una di noi. Dopo qualche istante di emozione in cui abbiamo voglia di urlare dalla gioia, iniziamo a palleggiare, come ragazze sulla spiaggia, malgrado i nostri vestitini eleganti. Valentina ci dimostra che anche una giocatrice alta come lei può riuscire bene nei salvataggi: per nulla impacciata dalla sua corporatura *extra long*, arriva in scioltezza sui tiri bassi e rotola via, agile come una gatta.

– Non è il mio fondamentale preferito, – ammette – però quando serve non mi tiro indietro.

– Ma quale è segreto, Vale? – domanda Nasta.

– Non pensarci troppo! Se cominci a dirti «oddio, sto

cadendo male, posso farmi male qui e lì» ti blocchi, oppure ti fai male davvero. Non bisogna essere pazze o spericolate, ma anche nel volley, come in tutti gli sport, ci vuole un pizzico di coraggio. Se no giochiamo ai videogames sedute in poltrona e finiamola lì. No? Su, riproviamo!

Il sogno si prolunga per qualche minuto, fra grida, risate e qualche foto scattata col cellulare, per immortalare l'allenamento più speciale della nostra vita.

Vale si complimenta con tutte noi per il nostro stile, «niente male per delle ragazzine». Non so se dice sul serio o se vuole solo essere carina, ma ha poi molta importanza?

Dandoci mezz'ora del suo tempo per giocare a pallavolo con noi, Valentina Diouf ci ha fatto un regalo che vale un mondo. Non siamo una squadra perfetta e abbiamo ancora mille difetti, ma lei ci ha dato la carica giusta per superarli. E il ricordo di questo momento magico ci terrà unite per sempre.

Usciamo dal *nail salon* con la felicità dipinta in faccia. E i piedi che galleggiano a mezzo metro da terra. La nebbiolina autunnale, illuminata dai lampioni e dai fari delle auto, sembra una nube incantata.

– È successo davvero? – domanda Daria ancora trasognata.

– Io ho paura di guardare il cellulare e scoprire che le

CHE ASPETTIAMO, ALLORA? VIA LE SCARPE E FUORI LA PALLA!
SIII!!!
E COSÌ INIZIA UN SOGNO...
POK
TUNF
GIOCARE CON IL NOSTRO MITO!
CHE IN QUESTO MOMENTO SEMBRA PIÙ UNA DI NOI!

foto che ho fatto si sono cancellate, – dice Irene – come quando cerchi di fotografare le fate.

– Come lo sai? Hai cercato di fotografare una fata?

– Una volta sola… poco fa!

Yuxin tira fuori dalla borsa la palla con cui abbiamo appena giocato e la esamina. – Irene, sai mica se succede così anche agli autografi delle fate? Perché se no… ci siamo dimenticate di chiedere a Valentina di autografarci il pallone!

10

A LEZIONE DI RULLATA!

L'appuntamento con Kiki è alla solita fermata dell'autobus, poi andremo a casa di Daria dove ci aspettano Nasta e Tammy.

Daria ha una tavernetta col pavimento di legno grande quasi come la palestra di arti marziali dove ci siamo allenate con Vale, perfetta per esercitarci a rotolare come palle da biliardo.

Ormai è diventata una questione di principio: le Swans devono imparare a rullare come e meglio delle Zodiac.

– Che bello essere di nuovo unite! Pensare che solo due giorni fa ce l'avevate con me – dico a Kiki.

Ha le sopracciglia folte e scure che vorrei avere io. E vorrei anche avere la cultura e i pensieri profondi che ci sono dietro quelle sopracciglia.

– Io non ce l'avevo con te – replica Kiki.

– Davvero?... Ora che ci penso, tu sei stata l'unica a non sgridarmi per avervi dato buca a Volleyween. Mi ha stupito.

Mi pianta in faccia i suoi occhi scuri scintillanti di ironia: – Credevi che ti avrei fatto la predica tipo istitutrice perché sei andata a quella festa? Bella opinione che hai di me!

– Sì... cioè, no... insomma, non sono stata corretta con voi! Avevi tutto il diritto di giudicarmi male.

– A me non piace giudicare. E, per quanto strano ti possa sembrare, non odio le feste. Solo che di solito la musica fa schifo.

– Davvero? A te cosa piace?

– Roba alternativa. Indie rock. E l'hip hop, quando ha dei testi intelligenti. Senti questo. Non è una band famosa, sono ragazzi di qui, ma hanno qualcosa.

Mi infila nell'orecchio un auricolare delle sue cuffiette. Parte una musica ritmica e assordante, di quelle che fanno arrabbiare quel rocker all'antica di mio papà. Poi la voce di un ragazzo urla rime che parlano di solitudine, rabbia e incomprensione, in un mondo che sembra addormentato dalla voglia di possedere sempre più cose inutili. Ehi, io questa voce l'ho già sentita...

– Frankie!

– Brava, è proprio lui! Allora conosci anche tu i Noyz Boyz.

Divento di fuoco: – Sì... un po'.

Kiki mi guarda stupita: – Ma dai! Non mi sembravi proprio il tipo da rap metropolitano.

– Credevi che mi piacessero solo le stupidate commerciali da Mtv? Bella opinione che hai di me! – le faccio il verso. Be', Eva, in realtà certe «stupidate commerciali da Mtv» ti piacciono parecchio. E preferisci Frankie in versione Bone Direction che come leader dei Noyz Boyz, però è meglio che Kiki non lo sappia.

E che Frankie e io abbiamo passato insieme un pomeriggio e da tre giorni ci smessaggiamo regolarmente, Kiki dovrebbe saperlo? O è meglio che lo tenga per me, come mi suggerisce la pancia? Per fortuna siamo già davanti a casa di Daria, così posso smettere di chiedermelo.

– Io non ce la faccio! – si lamenta Nasta, dopo l'ennesimo tentativo di rullata finito in un pasticcio. La lezione di Valentina le ha dimostrato che le altissime possono tuffarsi e rullare, ma la tecnica ancora le sfugge.

Daria, fra una capriola e l'altra, affonda la mano in un maxi sacchetto di patatine. – Non guardatemi così. Le mangio per una buona causa. Più mi allargo, meglio rotolo sul parquet. Che rabbia, però! Se devo disegnare una pallavolista che si tuffa ci riesco benissimo, ma quando devo farlo io mi paralizzo.

Kiki scrolla la testa: – Dillo a me! Ho letto tutto il leggibile sulla rullata, ho guardato diecimila video e tutorial in tutte le lingue, cinese compreso, e non ho ancora capito il meccanismo.

Esclamo: – Se è così semplice… – ma nessuno mi sente. La mia voce è stata coperta da tonfi, grida e risate di bambini.

Daria alza gli occhi al cielo: – Nooo, ricominciano! Scusate, sono i gemelli. Mia zia li ha lasciati qui un paio d'ore, doveva guardarli mia sorella, ma quella, figurati, ha appena cambiato fidanzato e deve chattarlo al mondo. Andiamo un attimo di sopra, dai.

Saliamo dalla tavernetta in un salone molto elegante, in tempo per vedere due marmocchi di tre anni, uno biondo e uno bruno, intenti a trattare un costoso divano di design come un tappeto elastico.

– Luca! Pietro! Smettetela subito! Vi fate male! – urla Daria.

Seee. Quei due sembrano di gomma! Si buttano dappertutto, sfiorando pericolosamente schermi ultrapiatti e soprammobili costosissimi, e atterrano sui tappeti kilim ora con la pancia, ora col sedere, senza un lamento, anzi, ridendo come matti.

– Ma i tuoi cugini vanno a scuola di circo? – domanda Kiki.

– Sì, – dice Daria – li usano gli aspiranti ammaestratori di scimmie, per esercitarsi –. Spazientita, li acciuffa per la maglietta.

– Ahiaaa! – strillano i due piccoli vandali.

Tammy scoppia a ridere: – Che tipi! Avete sbattuto dappertutto ridendo, e sentite male se Daria vi tiene per la maglietta?

Luca e Pietro le lanciano il tipico sguardo da bambino di tre anni che significa: «Odio le amiche delle cugine che fanno domande stupide».

– Pensa che anche io a loro età era così! – dice Nasta. – Con miei amici sempre ci buttavamo su prato e pavimento, senza paura di male!

– Io mai – aggiunge Tammy. – I miei genitori dicevano che non era decoroso per una bambina.

– I miei dicevano solo che era stupido – dice Kiki. – Del resto da piccola non avevo nessuno con cui farlo, e da sola sarebbe stato veramente stupido.

Intanto i gemelli hanno ricominciato a rimbalzare fra il divano e il pavimento e a rotolarsi sul tappeto. Io li guardo incantata. E vengo colpita da un'idea. Ne parlo a Daria e lei sorride: – Chissà, magari funziona! Luca, Pietro, vi faccio una proposta: voi ci insegnate a tuffarci e noi vi insegniamo a giocare a pallavolo come i grandi! Che ne dite?

RAGAZZE, ECCO LA PRIMA REGOLA PER TUFFARSI:
NON PENSARE CHE QUALCUNO STIA GUARDANDO!
JUMP
HOP!
AH AH!
POFF
BUM
E ALLORA PROVIAMO!
VAI COSÌ, TAMMY!
MMM... DICI? MAGARI...
SÌ!
OK!
WOW!
YUHUUU!
AH AH AH!
EVVAIII!
JUMP

Ovviamente i ragazzini, sentendosi sotto osservazione, all'inizio restano impalati.

– Visto? – dico alle Swans. – È il loro modo di insegnarci la prima regola per tuffarsi: non pensare che qualcuno ci sta guardando.

Controprova, appena i bambini ci vedono distratte, ricominciano il su e giù, inseguendosi e ruzzolando.

Daria chiede a Luca: – Ma non senti neanche un pochino di bua?

Il piccoletto la guarda offeso: – Bua dillo a tua sorella. Boh, sì, un po' fa male, ma quando sto giocando non me ne accorgo neanche.

– Quindi, seconda regola: l'adrenalina del gioco ti dà la carica e aiuta a sopportare le ammaccature.

– Oddio, Daria! – grida Tammy. – Pietro ha appena fatto una capriola stupenda! Che bravo! Qui ci vuole proprio un applauso!

Pietro, quello biondo, incassa i battimano tutto contento e si ringalluzzisce tanto che ne fa subito un'altra.

Anche il cuginetto bruno tenta di impressionare Tammy con qualcosa di simile. La prima volta cade sul sedere, anche se per non dare soddisfazione a suo fratello fa finta di niente. La seconda volta ce la fa, meritandosi la sua parte di applausi.

– Il che ci illustra la terza regola – riassumo io. – I complimenti e gli applausi del pubblico sono stimolanti e favoriscono l'emulazione! Grazie ai nostri due insegnanti per questa *lectio magistralis* in capriole. E ora… merenda!

Ma quando Daria torna dalla cucina con latte e biscotti al cioccolato, i suoi cuginetti stanno dormendo sul divano come sassi. Addio merenda e lezione di pallavolo! Dopo pochi minuti suona il campanello. È la zia di Daria venuta a riprendersi Luca e Pietro.

– Scusa il ritardo, tesoro! Spero che queste due pesti non ti abbiano fatto troppo dannare – dice la zia, guardandoli acciambellati l'uno accanto all'altro.

– Pesti? Due angioletti! Chiedilo alle mie amiche!

11

PARTITA IN AVVICINAMENTO

– Non sembra neanche che tu dopodomani abbia una partita – mi dice mamma a colazione.

– Zitta, sudicia polena rosicchiata!

– Ma sta' zitto tu, Joaquim! Mi stai facendo rovesciare il caffè!

– Portami della tequila o ti faccio fare un giro di chiglia!

Prima che immaginiate me e mamma in cucina mentre facciamo colazione con un cafone alcolizzato dal nome esotico, vi dico che Joaquim è un vecchio pappagallo brasiliano parlante, specie Amazona oratrix. È l'ultimo paziente che mamma ha portato a casa in osservazione, e in questo momento le sta appollaiato sulla spalla, dandole un'aria da pirata dei Caraibi.

Non per niente Joaquim è l'attrazione della pizzeria

La Filibusta, vicino allo studio di mamma. A forza di respirare i fumi del forno a legna, il pappagallo si è ammalato di laringite e non riusciva più a deliziare i clienti con i suoi insulti marinareschi, così il gestore l'ha affidato alle cure di mamma. Non vi dico cos'è stato portarlo a casa senza insospettire il signor Settembrino. Per coprire il baccano dell'uccellaccio, mamma gli ha detto che stava parlando al cellulare con sua suocera in vivavoce. E Settembrino ci ha creduto, forse perché si ricorda ancora dell'unica volta che nonna Lazzari è venuta a trovarci.

– Prima dell'incontro con le Scintille eri agitata e nervosa, – continua mamma – invece stavolta sei tranquillissima, come se non fosse così importante.

Lancio un'occhiataccia a Joaquim che guarda con troppo interesse i miei cereali. – Non è vero – ribatto. – È solo che sono molto presa dalle verifiche a scuola e…

E invece mamma c'ha visto giusto. Non sento molto l'incontro con le Zodiac, ed è solo la mia seconda partita con la maglia delle Wild Swans. Anzi, la mia seconda partita di pallavolo in assoluto. Ma per la prima c'era stata la tensione del debutto in campo, la voglia di fare bella figura con le compagne e i coach… e durante gli allenamenti non pensavo a un ciuffo di capelli neri su due occhi grigio asfalto che fanno fare al mio cuore delle rullate acrobatiche da finale dei Mondiali.

Ma c'è dell'altro. L'idea di affrontare una squadra leggendaria come le Scintille, brave, belle e snobbissime, aveva acceso l'agonismo in tutte noi. Queste Zodiac giocano benino, ma sono… Come dire? Tanto buone. Non ci fanno abbastanza paura.

Il loro capitano ci ha mandato pure dei messaggi amichevoli: molto sportivo, ma l'adrenalina si affloscia.

E forse, anche se non è facile ammetterlo, c'entra anche il rapporto privilegiato che si è creato tra noi Swans e Valentina Diouf. Conoscere di persona una fuoriclasse come lei fa sentire un po' fuoriclasse pure noi… un po' troppo. E dimentichiamo di essere una squadra di volley giovanile come tante altre, che i blasoni deve guadagnarseli sudando sul parquet.

Se lo sapesse, Vale sarebbe la prima a consigliarci di darci una calmata… no, non sarebbe la prima. E nemmeno la seconda. I primi due ad accorgersi che non siamo abbastanza concentrate sono i nostri coach durante l'allenamento di oggi.

– Nasta, Yuxin! Dove avete la testa? – le rampogna Stella. – Di solito siete le nostre muratrici migliori, ma oggi più che un muro sembrate delle macerie! E tu, Tammy, perché non eri pronta a salvare? Kiki e Daria, non si chiacchiera durante l'allenamento... Sveglia, bambine, la partita contro le Zodiac è dopodomani! Avanti, ricominciamo, simuliamo un altro set. Tu, Eva, al servizio. Ricorda che non sei ancora espertissima, se ti senti sicura fai la battuta flottante, se no falla dal basso, così non sbagli.

La battuta dal basso, quella tipica dei principianti? Mai più, Stella cara. Ora mi sento sicura, anzi, supersicura.

Dico, ma ti pare che la cocca di Valentina Diouf possa non essere sicura in battuta? Tsè!

Lo sono così tanto che non la faccio né dal basso né flottante, ma dall'alto e in salto, come le campionesse, guarda un po'! È una tecnica che ho imparato da poco, ma in fondo che ci vuole? Basta un po' di slancio e *hop!*...

Più che una battuta, è una martellata. Che inchioda la palla a tre metri da me. In una partita sarebbe punto per le avversarie, con supplemento di figuraccia.

– Eva! Ma ho parlato al muro o cosa?

– No, Stella, il muro sono Nasta e Yuxin. Io ero al servizio.

Non facevo battute così cretine e gratuite da quando bisticciavo con Baffotti, il prof che mi umiliava quando facevamo pallavolo a scuola. Ma allora odiavo così tanto questo sport che ero diventata un po' odiosa pure io, mentre adesso mi piace, anche per merito di Stella. Però oggi, dopo tanto tempo, è ricomparsa la vecchia Eva petulante e superficiale, che ci tiene a sembrare più spiritosa che matura.

Come se non bastasse, Irene commenta: – Che battuta geniale! Ma come ti vengono?

Irene continua a pagare pegno per la scommessa persa riguardo al messaggio di Valentina, ed è sempre esageratamente complimentosa qualunque cosa io dica o faccia. Ma la diabolica rossa, da qualche giorno, durante gli allenamenti, indossa una maglietta bianca, con delle frasi scritte a pennarello nero. Sul davanti si legge: *Non credete a quel che dico di Eva.* E dietro: *Ho solo perso una scommessa.*

– Il nostro accordo non citava le magliette, – mi ha detto, beffarda – e poi una ragazza intelligente e spiritosa come te non se la prenderà mica, vero?

Stella a questo punto ha perso le staffe: – Sembrate bambine di cinque anni! Comportandovi così state già mancando di rispetto alle vostre avversarie.

– E a voi stesse – ha aggiunto Tank, accigliato. – Nessuno pretende da voi accanimento e impegno da professioniste adulte. Siete ragazzine e so che fra voi ci sono stati dei contrasti, di recente. Ma appartenere a una squadra di pallavolo vi deve insegnare a concentrarvi su un obiettivo comune. Impararlo qui significa impararlo per la vita.

La voce pacata di Tank ha avuto il suo effetto, come sempre. Ci siamo date una regolata e il resto dell'allenamento è filato abbastanza liscio. Anzi, dopo le esercitazioni sulle rullate il coach si è complimentato con Nasta, Kiki, Daria e Yuxin per i loro progressi.

– Vi ho viste più coraggiose nei tuffi, anche se la tecnica non è ancora perfetta. Cos'è successo?

– Abbiamo fatto un allenamento domestico con due atleti molto speciali, – ha risposto Daria, con un sorrisetto – che ci hanno spiegato alcuni concetti molto utili per superare la paura di tuffarci.

– Primo, non sentirsi giudicate – ha detto Kiki.

– Secondo, adrenalina di gioco aiuta – ha rincarato Nasta.

E Yuxin ha completato: – Terzo, chi si butta ha sempre il pubblico dalla sua parte.

Tank ha annuito con vigore: – Tutto giusto! Stella e io non avremmo potuto sintetizzare meglio. Chi sono questi atleti? Mi piacerebbe invitarli qui.

Daria è scoppiata a ridere: – Non so se si può fare, Tank... escono dalla materna alle 16,30!

Uscendo dalla Cometa, Kiki trafficava con lo smartphone.

– Ecco – mi ha detto. – Ti ho appena mandato la traccia di quel brano dei Noyz Boyz, *Solitario compulsivo*. Così puoi riascoltarlo quando vuoi. Ti piaceva, no?

Soprappensiero, ho risposto: – No, siamo solo amici.

– Amici? Tu e la canzone? –. Sono avvampata: – No, volevo dire... Scusa, Kiki, oggi non ci sono con la testa.

– Già, si è visto. E anche noialtre Swans. In allenamento era evidente. La vedo male contro le Zodiac...

– Ah, sì, la partita di dopodomani. Dai, vedrai che ce la caveremo. Le Zodiac saranno pure acrobatiche, ma non sono insuperabili e nelle ultime partite non hanno brillato. E poi, in fondo è solo una partitella di beneficienza... L'importante è che la gente paghi il biglietto, no?

Kiki ha aggrottato le sopracciglia con aria meditabonda: – Già, anche io la pensavo così. La beneficienza mi è sempre sembrata un modo melenso per sentirsi buoni senza sforzarsi troppo. Ma poi ho conosciuto Luca e Pietro. I soldi della partita diventeranno libri e quaderni per bambini come loro, solo meno fortunati.

Dentro il frivolo cuoricino di Eva qualcosa ha cominciato

a vibrare. Era la parte migliore di me, l'Eva matura e sensibile che di solito dormicchia, ma che Kiki, da quando la conosco, sa sempre risvegliare, come fa l'incantatore con il serpente acciambellato nel cesto.

– Pensa a quello che ci hanno trasmesso quei due ragazzini, l'altro pomeriggio – ha continuato la mia amica. – Entusiasmo, coraggio, allegria. Sono bimbi spontanei e fiduciosi perché a loro non è mai mancato nulla nella vita. Ma in questa città, anche in questo quartiere, ci sono tanti Luca e Pietro per cui la vita è molto più difficile. E non certo per colpa loro. Se possiamo aiutarli con una partita di pallavolo, lo sport che ci piace tanto, dovremmo dare il meglio di noi, no? Sarebbe il nostro modo di essere riconoscenti per la fortuna che abbiamo. Perché è una vera fortuna poter contribuire ad aggiustare, anche se in piccolissima parte, alcune cose che non vanno del mondo.

Ho riflettuto un istante. Aveva ragione, cento, mille volte ragione! Le ho preso d'impulso le mani, stringendole: – Oh, Kiki! Sei meravigliosa. Ma queste cose dovevi dirle a tutte poco fa in spogliatoio, mentre parlavamo di manicure, frasi sulle magliette e altre stupidaggini! Perché non l'hai fatto?

Kiki ha guardato in alto impacciata, come se stesse per dirmi qualcosa che le costava, ma non ha lasciato le mie mani. – Be', Eva, avrai notato che non parlo molto in mezzo alle Swans. Ho paura di fare la figura della saccente noiosa. Di Kikipedia, o di zia Enrichetta, come mi chiama Irene.

– Irene! Se si ricordasse di controllare ogni tanto la connessione fra lingua e cervello sarebbe meglio per tutti. Mmm… e forse non dovrebbe controllarla solo lei… Ma senti, Kiki, perché hai detto queste cose proprio a me?

Mi ha sorriso: – Perché ti piace fare la scema, ma non lo sei per niente. Ti sento molto vicina in certe cose. Ma sei meno spigolosa di me e nel gruppo ci sai fare. Se parli tu alle Swans di com'è importante mettercela tutta contro le Zodiac, capiranno.

Sono tornata a casa camminando senza sforzo, come su un cuscino d'aria. Kiki mi aveva appena detto che sono speciale, che un po' le assomiglio, che si fida di me! Da quanto tempo sognavo quel momento?

12

DELLE AVVERSARIE... FENOMENALI

Da grande diventerò una star. Ne sono sempre stata convinta. Star di che cosa, ancora non lo so di preciso. Fino a due mesi fa credevo lo sarei stata della danza. Quando ho scoperto Valentina Diouf e le Swans ci ho ripensato e ora ho sempre più voglia di sfondare nel volley. Ma se non mi andrà bene in nessuno dei due settori, o quando avrò avuto un successo incredibile in entrambi ma non avrò più l'età per ballare sul palcoscenico o fare schiacciate in campo, potrei diventare una star nella motivazione. Laura, la mia vicina new-age (per la cronaca, in questi giorni, se volete che vi presti attenzione, dovete chiamarla Fanciulla Farfalla, come la dea Hopi che favorisce i buoni raccolti), mi dice che i motivatori in gamba riempiono stadi e teatri, fanno tournée in tutto il mondo e, *last but not least,* guadagnano soldi a palate e abitano in ville favolose che ormai nemmeno i divi di Hollywood possono più permettersi.

Come motivatrice delle Wild Swans non ho guadagnato soldi, ma soddisfazione a palate. La soddisfazione di trasformare di nuovo, nel giro di ventiquattro ore, sette ragazze svogliate nella squadra entusiasta e determinata che sanno e possono essere. E per una causa che, più la conosco, più mi sembra buona e nobile. Ho cercato in rete il sito dell'associazione che ha organizzato la partita Swans-Zodiac (persone molto serie, che si impegnano da anni a favore dei bambini senza distinzione di provenienza o di religione) e l'ho linkato a tutte le mie compagne.

Poi, con l'aiuto di Kiki, le ho letteralmente martellate di messaggi e telefonate per far loro capire che per noi è un onore partecipare a questa iniziativa, e quanto è importante dare il nostro meglio in campo. E che dobbiamo invitare alla partita più amici e parenti possibili oppure convincere quelli che possono venire a comprare almeno tre biglietti ciascuno.

Forse sono stata anche troppo insistente, perché a un certo punto su WhatsApp ho cominciato a ricevere messaggi come questi:

WILD SWANS FOREVER (YUXIN)
Bastaaa!!! Ho capito!!!

Devo scrivertelo in cinese?
:)

WILD SWANS FOREVER (DARIA)
Un altro messaggio in cui mi dici di mettercela tutta, e scappo in Giappone subito!!!

WILD SWANS FOREVER (IRENE)
Eva, sei a un passo dallo spamming, se non la pianti ti blocco!

Lì ho capito che dovevo fermarmi, se non volevo ottenere l'effetto contrario. Tutta esperienza che mi servirà quando farò sul serio la motivatrice.

Alle 15 in punto Tank carica noi e Stella sul pulmino parcheggiato davanti alla Polisportiva Cometa. Insieme a noi salgono alcuni ospiti autorizzati: la mamma di Nasta, la signora Sonja, che ha quarant'anni e fa l'infermiera, e Carlotta, la sorella maggiore di Daria, con il suo nuovo tatuatissimo boy.

– Mica vengono per la partita, vogliono solo imboscarsi – ha malignato Daria. – Spariranno quando arriviamo e si faranno rivedere solo all'ora di ripartire. Ma hanno comprato due biglietti ciascuno, ed è quello che mi importa!

Ci sono anche un paio di esemplari della vasta collezione di fratelli di Irene, tutti rossi di capelli, che la prendono sistematicamente in giro. Ora capisco molte cose di lei! Quando cresci con dei fratelli così non hai molta scelta: o diventi linguacciuta anche tu, o sei finita.

Una breve sosta a casa della padrona di Tabitha, per prelevare la nostra mascotte (che, tanto per non smentirsi, ha subito sgranocchiato il nastro con i colori della squadra, che Tammy le aveva legato al collo) e poi via. Destinazione, la sede delle Zodiac, un impianto sportivo che, dalle foto che ho visto, sembra la copia esatta del nostro, solo a sei chilometri di distanza.

Gli amici e i genitori, o almeno quelli che possono lasciare il lavoro per venirci a vedere, ci raggiungeranno laggiù all'ora della partita. I miei hanno deciso di fare a turno, una partita per ciascuno. Alla partita contro le Scintille è venuta mamma, stavolta tocca a papà. L'altro giorno ha promesso che per una sera lascerà la cucina del Papille al *sous chef.*

Mi piacerebbe tanto vedere lui e mamma insieme sugli spalti a tifare per le Swans, ma è già difficile per i genitori ancora uniti, figuriamoci per due che si stanno separando, di cui uno lavora in un'altra città e con orari assurdi.

– Ci credi che mio papà non mi ha ancora mai visto giocare a pallavolo? – dico a Kiki, seduta accanto a me. – Anzi, non mi ha mai visto praticare uno sport, dato che finora ho fatto solo danza.

– Per un artista come lui sarà uno choc! – ride lei.

– Già! La sua principessa ballerina che prende a sberle un banale pallone! E dei tuoi chi viene?

– Mio padre no di sicuro. Lui di impianti sportivi ne progetta tanti per lavoro che detesta andarci nel tempo libero. Forse verrà mia madre, se finisce in tempo gli esami all'università. Ma ne dubito.

– Cosa studia?

– Non studia, insegna. Biochimica cellulare.

Accipicchia! Così Kiki è figlia di un architetto famoso e di una scienziata! Ora mi spiego il suo cervellone. Non vedo l'ora di farla conoscere a papà. A proposito, dovrebbe essere già per strada...

IO
Sei partito, papi?

PAPÀ
Yesssss, my princess!

IO
Che bello, arriverai in tempo!

PAPÀ
Credo di sì. L'aereo è decollato in perfetto orario. Sarò a Roma in tempo per la trasmissione.

Aereo? Roma?! Trasmissione?!

PAPÀ
Sai che ancora non ci credo che stasera sarò a ChampionChef, il cooking show più famoso d'Italia? Ok, mi hanno invitato all'ultimo momento solo per sostituire un membro della giuria che ha avuto un malore improvviso, ma quel che conta è esserci! Un vero colpo di fortuna per la mia carriera! Sei fiera di me, principessa?

Sì, papà. Sono fiera di te. Così fiera che cercherò di non piangere di delusione pensando che nell'entusiasmo di essere stato invitato a ChampionChef ti sei completamente dimenticato della mia partita e della tua promessa. Così fiera che non ne farò parola con mamma, perché so che si arrabbierebbe e direbbe che tu non tieni a me e tu ci rimarresti male. E invece tu a me ci tieni, papà, lo so. Non è colpa tua se ora il mondo si è accorto di quanto sei bravo ai fornelli e ti viene a cercare, e tu impazzisci come un ragazzino… Però 'sto accidentaccio di mondo doveva venire a cercarti proprio il giorno della mia partita con le Zodiac?

Kiki si accorge che ho cambiato faccia. – Brutte notizie?

– Già. Mio papà non può venire. Ha avuto un imprevisto. Non ci sarà nessuno della mia famiglia a tifare per me, oggi.

– Conosco bene la sensazione! – fa lei. – Tranqui, dopo la terza volta ti abitui. Non hai invitato nessun altro?

Sbarro gli occhi: oddio, Frankie! Dovevo ricordargli la partita di oggi, ma con l'ambaradan degli ultimi giorni me ne sono scordata del tutto. Ci siamo scritti e riscritti su mille cose, e mi è passata di mente proprio questa! Che figura. Credevo che certi annebbiamenti ti capitassero solo quando raggiungi l'età di mamma.

– No, io non ho invitato nessun altro. Tu?

– Sì, un'altra persona. È improbabile che venga ancora più di mia madre, perciò non ti dico niente. Per scaramanzia.

La palestra delle Zodiac è così simile alla Cometa che non ci sembra di essere in trasferta. Sembra uno di quei sogni inquietanti in cui entri a casa tua e la trovi abitata da altre persone che hanno l'aria di viverci da anni e ti trattano come un ospite. Però se ti trattano come le Zodiac trattano noi, il sogno non è inquietante, anzi. All'entrata le nostre avversarie ci aspettavano con un festone di benvenuto e un piccolo spuntino per tutti... cioè, per tutti quelli che sono riusciti a essere più veloci dei fratelloni di Irene.

– Mi dispiace – dice Irene mortificata. – Anche a casa è così, spazzolano tutto loro.

– I ragazzi di quell'età sono così, lo so bene – replica la coach delle Zodiac, Rosanna, una signora giovanile e atletica con i capelli corti e brizzolati e gli occhi grigio scuro come l'asfalto. – Ragazze, dite di portare altri panini con il tacchino. Chi di voi Swans è quella allergica al glutine? C'è qualcosa anche per lei.

Resto basita: – Sono io! Ma come fate a...?

– Ci siamo informate, tesoro! Non vogliamo che tu stia male prima della partita. E poi come te ne abbiamo in squadra altre due, Vera e Caterina, mia nipote.

FORZA, SWANS! PREMIAMO TUTTO QUESTO PUBBLICO CON UN BEL MATCH!
E TIRATE FUORI LE ENERGIE, CHE ORA VI ASPETTANO LORO:
LE ZODIAC!
0 0
POK
ACCIDENTI...
QUELLE SONO INCREDIBILI!
!
TUMP

– Tank, Stella, ho deciso. Io mi faccio adottare da queste Zodiac – dice Irene, sbocconcellando una pizzetta. – Senza offesa, eh?

– Aspetta a dirlo dopo la partita! – dice Caterina, una spilungona con una cascata di ricci bruni. – In campo ci troverete molto meno simpatiche.

– Perché voi scelto nome Zodiac? – domanda Nasta a Rosanna. – Credete in astrologia?

– Ce lo chiedono tutti! No, il motivo è molto più banale: questa zona si chiama Zodiaco e le strade hanno nomi di costellazioni: via Ariete, via Toro, eccetera. Ma tu sapessi quanti mi telefonano chiedendo di fargli l'oroscopo!

Rosanna, che è anche una delle responsabili dell'associazione benefica che ha organizzato l'incontro, resta a parlare con Tank. Noi e Stella ci prepariamo per la classica mezz'ora di riscaldamento in campo. Dopo una corsetta, un po' di stretching e qualche serie di palleggi, la coach ci riunisce: – Swans, vi vedo troppo pacioccone. Questa atmosfera cordiale è magnifica, ma spegne l'agonismo. E gli spettatori che verranno qui vogliono vedere giocatrici toste con i controfiocchi, non signorine che ballano il minuetto. Pare che l'incasso sia superiore alle previsioni, tanta generosità va premiata con un bel match, non vi pare?

– Non dirci altro, Eva ci ha già fatto una testa così! – sospira Yuxin.

– Quindi ora tirate fuori le vostre energie e dateci dentro. Perché fra poco vi aspettano quelle lì –. Stella indica le Zodiac, che si stanno allenando nell'altra metà campo nella loro divisa blu e rosa.

Le guardiamo. Io resto senza parole. A Tammy casca la mascella. Capitan Jo si mette le mani nei capelli.

Mamma mia. Queste sono incredibili!

13

SPETTACOLARI CONTRO BANALI

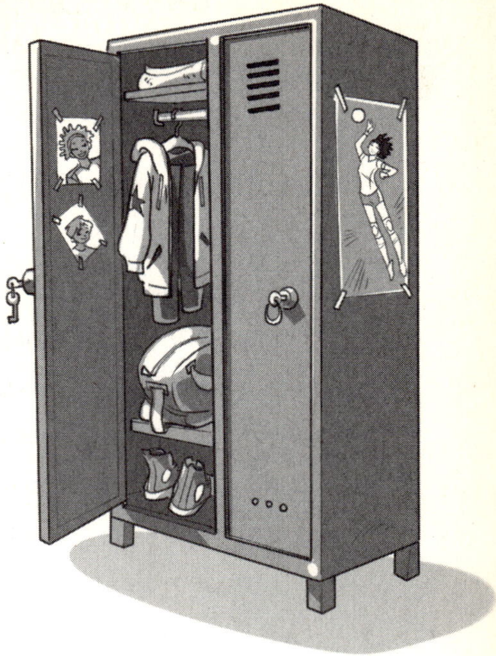

Non solo brave. Incredibili. Altro che stretching e palleggi. Il riscaldamento delle Zodiac è fatto anche di capriole, tuffi acrobatici e salti mortali. La coach Rosanna deve avere un passato nella ginnastica artistica perché le sue ragazze sembrano possedere i segreti di quella disciplina e li usano per rendere la loro pallavolo non solo più spettacolare, ma anche più efficace.

– E invece noi come istruttori di acrobazie abbiamo avuto i miei cuginetti! – geme Daria.

Tank ha notato il nostro sconforto e corre a darci coraggio: – Swans, ogni squadra ha i suoi punti di forza. Quelli delle Zodiac sono l'agilità e l'acrobazia, i vostri la collaborazione e la determinazione. Come valore siete alla pari. Non lasciatevi incantare dalle loro capriole e badate al sodo. Anche un bel punteggio fa spettacolo!

Gli spalti sono già gremiti e il tifo si fa sentire. Siamo in trasferta e prevalgono i sostenitori delle Zodiac, ma per fortuna i due fratelli bulletti di Irene hanno chiamato un gruppo di loro amici in zona che fanno chiasso per venti. E anche la mamma di Nasta non scherza: ha una voce così tonante che probabilmente la sentono fino in Bielorussia.

Cerco con gli occhi Tabitha, senza trovarla. – Tu la vedi la capretta? – domando a Kiki.

– No, ma non preoccuparti, sarà in braccio a qualcuno dei nostri.

– Lo spero. Avremo bisogno di molta fortuna.

Ci disponiamo in campo. Jo e Vera, le due capitane, fanno il rituale testa o croce.

Vincono le Zodiac, che scelgono palla. Come con le Scintille, si gioca al meglio dei tre set, cioè si vince con due. Stella, a bordo campo, sorride e agita il pugno per incitarci.

Signore e signori del pubblico, io vi invidio. Quanto vorrei godermi anch'io lo spettacolo delle Zodiac usando le mani solo per tenere il sacchetto dei popcorn e i piedi solo per batterli ritmicamente ululando «oooléééé!» mentre la Zodiac al servizio prepara la battuta. E quando la palla arriverà nel nostro campo e comincerà a danzare sulle nostre mani, dagli spalti vi sembrerà che il ritmo del gioco sia normale, non pazzamente accelerato come sembra a me, che nei primi istanti di ogni partita fatico a raccapezzarmi. È come a quel corso di sci che ho fatto da piccola: io ero convinta di scendere sulla pista a tutto gas, mentre poi, nel video girato dai miei genitori, mi vedevo andare lenta come una lumaca.

Via. Tammy riceve e alza per Jo, che schiaccia fulminea mirando alla zona più indifesa del campo zodiacale. Sarebbe bello iniziare la partita con un incoraggiante punticino. Ma le avversarie ci presentano subito il loro biglietto da visita: la palla è a pochi centimetri dal parquet quando una Zodiac, arrivata in tuffo da non so dove, la salva con un bagher e la manda a una compagna che, lei sì, ci impallina a bruciapelo con una schiacciata. Il tutto in meno tempo di quel che ci mettete voi a leggere queste righe.

Le blu rosa si danno il cinque mentre noi ci guardiamo sbalordite. Lo scherzetto si ripete un paio di volte e sul tabellone c'è un seccante 3 a 0 per la squadra di casa. Nuovo servizio Zodiac, un po' lento e basso, Vera alza la palla, ma oltre la rete spunta il muro respingente di Nasta e Yuxin, che sorprende le avversarie e conquista il primo punto per le Swans. Finalmente possiamo darci il cinque anche noi. Poi Kiki al servizio ci porta sul 3 a 2 con un ace imprendibile che scatena l'applauso.

– Ma quanto sorridono queste Zodiac! – sibila Irene mentre ci sfioriamo le mani per celebrare il nuovo punto.

– Lo faremmo anche noi se stessimo vincendo – replica Daria.

– Sorridono anche quando perdono il punto. Lo fanno sempre!

Irene ha ragione. Anch'io ho notato che le blurosa hanno il sorriso dipinto in faccia, anche durante le azioni più difficili e concitate.

Noi Swans ci mordiamo le labbra, aggrottiamo le sopracciglia, sbuffiamo, facciamo smorfie assurde per lo sforzo, le Zodiac sembrano sempre allegre e disinvolte.

È quello che alla Urban insegnano al corso di tip tap: devi mantenere un'aria beata da "oh, come mi diverto" anche quando ormai hai i crampi ai piedi a forza di tamburellare i tacchi sul parquet.

– Si chiama guerra psicologica – osserva Kiki. – Se sorridi sembri tu il più forte, agli avversari e al pubblico.

– A me il loro sorriso dà solo sui nervi – brontola Irene.

– Vedi che funziona?

Kiki torna alla battuta, prova ancora l'ace ma le Zodiac stavolta sono preparate. C'è un po' di batti e ribatti da un lato all'altro della rete, finché provo scioccamente a fare un numero alla Zodiac: mi tuffo a salvare in rullata una palla che stava andando a perdersi fuoricampo. La mia capriola impeccabile serve solo a regalare alle Zodiac un punto insperato e il prossimo servizio.

Le Swans mi guardano storto. Stella agita il dito verso di me, come per dire: "Non farlo più". Uffa, non ci sto! Il gioco delle Zodiac mi piace un sacco e fa impazzire il pubblico. Perché non posso provarci anch'io, che grazie alla danza sono una delle poche Swans ad avere la preparazione giusta? Siamo qui per divertire gli spettatori per una buona causa, o sbaglio?

Ma devo trattenermi per spirito di squadra. A quanto pare, il copione che assegna alle Zodiac il ruolo di quelle spettacolari e a noi quello delle banali sta bene a tutti, a cominciare dai nostri coach.

Va detto che, per essere banali, ce la caviamo benino. Il primo set ce lo aggiudichiamo noi grazie alle schiacciate di Jo e alla precisione di Kiki, sostenute dalla difesa intelligente di Tammy che protegge le nostre retrovie. Anch'io mi riscatto conquistando un punto con un Bolle, la mia versione del pallonetto dalla traiettoria leggera ed elegante come un ballerino classico.

Ma se fossi uno spettatore penserei che le spericolate e sorridenti Zodiac avrebbero meritato di più.

– Perché avete tanto insistito sulla rullata se poi non vi

piace che la usiamo? – mugugno con i coach durante la pausa.

– Va usata quando serve, non per mettersi in mostra! – dice Stella. – Il tuffo è una tecnica di difesa come un'altra, non ve l'abbiamo insegnata per farvi fare bella figura oggi, ma solo per impiegarla all'occorrenza senza farvi male!

Interviene Tank: – Eva, le Zodiac puntano tanto sull'agilità perché non hanno giocatrici fisicamente potenti come Yuxin, Tammy o Nasta, e fanno bene. Noi, per fortuna, le abbiamo, e possiamo giocare in un altro modo.

Sto per insistere quando Kiki mi afferra il braccio, tutta eccitata: – Non ci credo! È venuto davvero!

Seguo il suo sguardo fra il pubblico e strabuzzo gli occhi: ho riconosciuto la cresta di capelli neri e il viso spigoloso di Frankie!

Cioè, aspetta. Aspetta un attimo. Frankie è venuto qui per Kiki?

– È Frankie, il leader dei Noyz Boyz, quello di *Solitario compulsivo.* (Ma va'?) È proprio figo! (Ma va'??) Ho saputo che fa hip hop nella tua vecchia scuola di danza. (Ma va'???)

– Ecco dove l'ho già visto – butto lì con finta noncuranza. – E... tu dove l'hai conosciuto? (Com'è faticosa la finta noncuranza! Più del sorriso mentre fai tip tap.)

– Non lo conosco di persona! Gli ho scritto sulla fanpage

dei Noyz per fargli i complimenti. Nella bio dice che è cresciuto dalle parti della Cometa, così mi è venuta la pazza idea di invitarlo a vederci.

Rifletti, Eva. Kiki non sa che lo conosci. Ti eri dimenticata di invitarlo. Forse gli avevi detto la data della partita, ma non il luogo. Probabilmente ha pensato che la sua presenza non ti interessava troppo. Invece di concludere che papà ha ragione e Frankie conferma la teoria sui musicisti bastardi con le ragazze, dovresti ringraziare Kiki che l'ha convinto a venire qui, così potrà ammirarti in tutto il tuo pallavolistico splendore.

Frankie è seduto nel settore dei tifosi delle Zodiac. Boh, nella fretta di sedersi si sarà confuso. Vorrei attirare la sua attenzione ma poi dovrei spiegare a Kiki perché non le ho detto quanto siamo amici e non ci farei una bella figura.

– Eva, Kiki, sveglia! Inizia il secondo set...

Ecco perché non avevo invitato Frankie. Qualcosa dentro di me sapeva già che con lui nel pubblico mi sarei distratta! Però non lo guardiamo solo io e Kiki. Pare che abbia delle fan anche tra le Zodiac. Tipo quella Caterina, che non solo gli sorride ma gli manda pure i bacini! E glieli manda pure la coach Rosanna! Che schifo, potrebbe essere sua nonna... Altro che solitario compulsivo, mi pare che Frankie non disdegni gli omaggi femminili...

La partita prosegue con un'offensiva delle Zodiac. Nel secondo set dimostrano di saperci fare non solo con la difesa acrobatica. Un mio servizio, un tentativo di ace, viene trasformato in un contrattacco rapidissimo che sorprende il nostro muro. Mentre le blurosa ruotano, viene d'istinto di guardare con la coda dell'occhio verso Frankie e incrocio il suo sguardo. Gli sorrido.

Beep. È il segnapunti. Qualcuno ha fatto punto. Le Zodiac.

– Evaaahhh! – sbraita Irene. – Che cavolo fai, scema? Ti arriva la palla addosso e non muovi un dito!

Uh, che modi! Irene si è dimenticata che ancora per due giorni dev'essere gentile con me. Ma anche le altre Swans mi guardano male. Il pubblico invece ride. Forse ridono anche le Zodiac, ma non si capisce, ridono sempre, quelle. Il buco è stato clamoroso, devo ammetterlo.

Eva, ora devi riscattarti. Anche agli occhi di Frankie. Torna in partita con cuore e cervello e dacci dentro!

Zodiac al servizio con Caterina. La celiaca che fa la smorfiosa con Frankie. Spara una pallonata raccolta in bagher da Daria e impeccabilmente trasformata da Jo. Tiè! Il nostro capitano non si lascia incantare dal circo delle Zodiac. È esattamente il loro contrario, un rullo compressore, e non gliene importa nulla di non essere divertente, vuole che portiamo a casa punti, come ha detto il coach. Cerca sempre la schiacciata e tutta la squadra deve adeguarsi. Ma così, alla lunga, i nostri schemi diventano prevedibili. Le Zodiac, che non vogliono deludere il loro pubblico, riescono ad anticiparci sempre più spesso, oppure a ingannarci con delle palle subdole che sembrano voler finire fuori campo, ma all'ultimo momento ci ripensano e cadono nel nostro rettangolo, quando nemmeno il tuffo più disperato di Irene potrebbe salvarle.

Adesso le Zodiac hanno delle buone ragioni per sorridere. Il segnapunti è appena scattato sul ventiquattro. Hanno vinto il secondo set. Ma il terzo e la partita potremmo vincerli noi se smettessimo di giocare come robot e ci mettessimo un po' più di fantasia. Io dopo quella svista ho rinunciato ai guizzi e ho fatto la brava, ricevuto, alzato, palleggiato, murato. E qual è il guadagno?

– Coach, che facciamo? – dico ai nostri allenatori. – Dobbiamo inventarci qualcosa!

– Continuate così – replica Stella. – C'è ancora un set, e le Zodiac hanno già speso molte energie.

– Pure noi però – ansima Yuxin, prima di attaccarsi alla bottiglia dell'acqua.

Forse dovrei approfittare di questa pausa per dire a Kiki che conosco Frankie. Alla fine della partita verrà a salutarmi e Kiki si chiederà perché non le ho detto che conoscevo già il ragazzo che le interessa tanto. A dire il vero non lo so nemmeno io. Forse avevo paura che ci dividesse.

Ma non c'è più tempo, inizia il terzo set e le Zodiac, stanche o no, vogliono chiudere in bellezza. Ricominciano con le capriole, ma con una strategia più astuta. Quando un nostro tiro sembra imprendibile e noi ci sentiamo già il punto in tasca, loro recuperano in acrobazia la palla poco prima che tocchi terra e fanno ripartire il gioco con un contrattacco basso e velocissimo che ci trova spiazzate.

Non possiamo mai riprendere fiato e diventiamo sempre più nervose. Quando i nervi vacillano, gli errori si moltiplicano. E l'aspetto più antipatico della pallavolo è che l'errore in campo si paga *sempre*. Non c'è nessuno che chiuda un occhio, che dica «hai toccato la rete ma via, per questa volta passi». L'errore, che sia piccolo o grande, dovuto alla stanchezza o a un calcolo sbagliato, commesso dai principianti o dai fuoriclasse, costa sempre un punto. Da pagare subito, in contanti, senza sconti per nessuno.

Il terzo set, sui quindici punti, è un disastro. Il segnapunti dice 14 a 9 per le Zodiac, ma quei nove punti sono dovuti più a concessioni delle avversarie che a nostre belle giocate.

I nostri due coach, però, non sembrano troppo delusi. La partita è stata piacevole e Tank dice sempre che una

MI CONCEDO UN'ULTIMA RULLATA PER SALVARE UN PALLONE PERICOLOSO.
TUNF
A TE, KIKI!
WISSSS
VAI!
E KIKI CON UN BEL PALLONETTO...
POK
SCOMPIGLIA IL MURO DELLE ZODIAC...
WISSSSSSS
TUNF
ED È PUNTO!

sconfitta è una specie di seminario da cui si può imparare più che da dieci allenamenti. Ho visto lui e Stella filmare alcune azioni e prendere appunti. Tutto materiale che utilizzeranno nei prossimi giorni per aiutarci a focalizzare le nostre debolezze e a capire come superarle.

Ma prima bisogna chiudere questa maledetta partita. L'ultimo servizio è delle Zodiac. Ci disponiamo in campo in attesa di quello che potrebbe essere il colpo di grazia. Siamo esauste, boccheggianti, rassegnate. Intercetto lo sguardo di Kiki e ci leggo il mio stesso pensiero: quel punteggio a una cifra sola è inaccettabile. Le Swans devono uscire dal campo con un 10, costi quel che costi.

Lo vogliamo tutte. E quando riceviamo la palla delle Zodiac, spariamo le ultime cartucce mirando ai loro punti deboli. Alziamo, muriamo, recuperiamo e attacchiamo come sappiamo fare noi Swans, quando siamo in vena, e come oggi abbiamo fatto troppo poco, intimidite da queste Zodiac audaci, beffarde e, bisogna riconoscerlo, veramente in gamba. Senza contare che un terzo delle Swans in campo (cioè due su sei) era distratto da un affascinante ragazzo bruno sugli spalti.

Mi concedo un'ultima rullata per salvare un pallone pericoloso delle avversarie e spedirlo in bagher a Kiki.

– Pensaci tu – le dico.

E con uno splendido pallonetto, scompiglia il muro delle Zodiac. *Beep!* Il segnapunti scatta. È il nostro ultimo punto. Siamo troppo stanche perfino per pensare a una possibile rimonta, ma non per darci il cinque e abbracciarci.

Il gioco riprende. Per le blurosa incassare il punto decisivo e la partita è poco più che una formalità. Tabitha non ci ha aiutato. Forse oggi era anche il giorno di riposo delle caprette portafortuna.

14

SALUTI A BORDO CAMPO

Gli spettatori applaudono e si congratulano con le giocatrici delle due squadre e con gli allenatori. Vedo Frankie scendere dalle gradinate. Kiki si aggiusta i capelli e si raddrizza il suo collare da cane, io mi do con discrezione un'annusatina alle ascelle: sì, il deodorante al *tea tree* funziona, sono abbracciabile malgrado la sudata di due ore. Mentre il cuore mi batte a tamburo, il leader dei Noyz Boyz salta gli ultimi gradini e atterra sul parquet. Ma anziché venire da noi Swans, va nel settore delle Zodiac. E, orrore!, corre ad abbracciare e sbaciucchiare quella stramaledetta ricciolona di nome Caterina. Solo dopo averla spupazzata ben bene viene verso di me. E ha pure la faccia tosta di sorridermi.

– Il mondo è piccolo – gli dico, gelida.

– Quello della pallavolo, soprattutto! – ribatte lui.

– Quando mi hai detto della partita mica avevo capito che le tue avversarie erano le Zodiac! La coach è mia zia!

Strabuzzo gli occhi: – La coach Rosanna... tua zia?

– Che c'è di strano? La cultura hip hop mica è contraria alle zie.

– In effetti avrei dovuto capirlo da sola... avete gli stessi occhi. Devono essere un marchio di famiglia.

Lui si stringe nelle spalle: – Non proprio. Mia sorella ad esempio non li ha. Cioè, ha gli occhi, ma non sono grigi.

– E come sono? – domando, senza interesse.

– Un po' azzurri, un po' marroni. Aspetta, c'è una parola esatta... Ehi, Cat! Qual è il termine per il colore dei tuoi occhi?

– Cangiante! – gli dice Caterina da lontano.

Mi si allarga in faccia un sorriso grande come tutti quelli delle Zodiac messi insieme. È sua sorella! La sorellina celiaca che gli ha insegnato a palleggiare. Le scocco uno sguardo cordiale, direi quasi... fraterno. Le voglio già bene. Voglio bene a tutte le Zodiac. E a zia Rosanna, naturalmente.

– Tua zia è una coach strepitosa. Dev'essere l'unica che sa insegnare sia ginnastica artistica che volley...

Frankie ride: – Ma quale ginnastica artistica! Mia zia i salti mortali e le capriole le ha imparate quando da ragazzina è scappata con un circo di passaggio. Il volley è arrivato dopo. Zia Rosanna da giovane era la pecora nera della famiglia... per questo Cat e io la adoriamo.

La adoro anch'io. Anche se ho appena perso una partita contro di loro!

Kiki ha seguito la nostra conversazione con aria interrogativa: – Ma allora vi conoscete!

– Ci siamo incrociati alla Urban e... in giro – taglio corto.

Kiki diventa rossa e tende la mano a Frankie: – Ciao, io sono la pazza che ti stalkera da settimane sulla fanpage dei Noyz Boyz. Grazie di essere qui!

– Figurati. Tanto ci venivo comunque a fare il tifo per mia sorella.

Che risposta poco gentile! Come si permette? La mia amica, figlia di una docente e di un archistar e con una cultura grande così, si degna di interessarsi a lui e alla sua musica, e lui fa lo sprezzante? Ma già, come dice sempre mamma, fa' capire a un uomo che gli piaci e subito comincia a tirarsela.

Devo vendicare Kiki. – La prossima volta invitalo sulla fanpage dei Bone Direction... – butto lì in tono leggero.

– Chi sono i Bone Direction? – domanda lei, mentre Frankie impallidisce.

Sto per spiattellare a Kiki il suo terribile segreto, quando veniamo raggiunti delle altre Swans, tutte agitate: – La sconfitta non è stata colpa di Tabitha! E sai perché? Non è mai stata sugli spalti!

– Accidenti a lei! Ma dov'è ora?

– Non lo sappiamo! Di sicuro ha passato molto tempo nelle aiuole qui davanti. Sono perfettamente rasate.

– Oh, cavoli! – mi dispero. – Entro stasera dobbiamo restituirla alla sua padrona. Dove sarà finita? È pure già buio…

Interrompe il momento di sconforto generale l'arrivo di Rosanna: – Tutto bene, ragazze? – dice, abbracciando le spalle di Jo e Daria. – Nell'altra palestra vi aspetta un buffet come si deve. Ma prima volevo ringraziarvi dal profondo del cuore. Siete state fortissime e i vostri coach possono essere orgogliosi di voi. Avete premiato la generosità degli spettatori con due ore intense e appassionanti. E anche grazie a voi tanti bambini di famiglie in difficoltà potranno riempire i loro zainetti!

– Sì, sì, tutto molto bello, ma vogliamo la rivincita – mugugna Irene.

– E il ricavato della prossima partita servirà a comprare solo giocattoli! – aggiunge allegramente Daria.

Rosanna ci pensa su un istante.

– Si può fare. Sia una cosa che l'altra.

Il suo cellulare squilla. Ci chiede scusa e risponde: –Sì? Che cosa? Ne siete sicuri? Ma certo, glielo dico subito. Swans, pare che la vostra capretta stia devastando il buffet. Sbrigatevi o dovrete andarvene a pancia vuota!

QUATTRO CHIACCHIERE CON... VALENTINA DIOUF

Pensavate che non ci fossimo riuscite? A fare l'intervista a Valentina Diouf, dico... E invece eccola qui!
Lei è stata davvero gentile e quando le abbiamo scritto via e-mail ci ha detto che potevamo fare una chat tutte insieme e chiederle quello che volevamo. Qui sotto potete leggere l'intervistona che le abbiamo fatto!
Se arriverete fino in fondo capirete perché noi Wild Swans pensiamo che non sia soltanto un superfenomeno della pallavolo, come sanno tutti, ma anche una ragazza simpaticissima e alla mano e che abbia un grande stile e sia un piacere parlare con lei e... Insomma abbiamo ancora tutte gli occhi a cuoricino!

EVA

Tu ormai sei una veterana del volley, ma te la ricordi la tua prima vera partita? Con che spirito l'hai affrontata, e com'erano le tue avversarie?

VALENTINA

La prima partita non si scorda mai: mi sentivo gli occhi addosso a causa della mia altezza e la cosa mi innervosiva non poco. Ricordo la tensione iniziale e i movimenti impacciati. Sono riuscita a trovare la giusta concentrazione solo dopo la prima schiacciata vincente e da allora non l'ho più persa.

NASTA

Ultimamente alcune di noi hanno avuto problemi con la rullata.

Una pallavolista del tuo livello padroneggia tutti i fondamentali, ma, detto fra noi, ce n'è uno che ti piace meno degli altri? E uno che adori?

VALENTINA

Penso che il soprannome "Fiocco di Neve" parli da sé: la difesa è sicuramente il fondamentale in cui mi trovo più in difficoltà. Per quanto ci abbia lavorato, è tutta questione di reattività e la rapidità dei piedi non è mai stato il mio forte.
È anche per questa ragione che ho sempre giocato da opposto, ruolo che mi permette di valorizzare ciò che mi riesce meglio, l'attacco, e di riscattare la mia più grande lacuna, la difesa.

JO

Per diventare brave come te quante ore bisogna allenarsi al giorno? E il tuo allenamento avviene solo in campo o va potenziato anche con altre discipline (ginnastica, yoga...)?

VALENTINA

Allenarsi con costanza è il primo passo verso il successo. Indipendentemente dal numero di ore, è importante la determinazione e l'attenzione ai dettagli, giacché i frutti del lavoro settimanale si raccolgono soltanto al momento della partita.
I migliori momenti della stagione sono quelli in cui riesco ad affrontare i miei impegni con concentrazione e serenità. La cura del fisico va di pari passo con la tenuta mentale, ragion per cui sono solita accompagnare impegnative sessioni di palestra con rilassanti sedute di massaggi antistress.

KIKI
Grazie a te e alle altre azzurre del volley, tante ragazze si stanno avvicinando al nostro fantastico sport. Qual è il primo consiglio che daresti a un'aspirante pallavolista?

VALENTINA
"Divertititi!" Il divertimento dev'essere la condizione indispensabile per qualsiasi giovane sportivo. Lo sport è l'anticamera della vita quotidiana: "fare squadra" significa credere nei propri compagni, sapersi rialzare dopo le cadute e condividere le gioie in caso di successo. Non esiste un modo migliore di fare sport se non divertendosi insieme a quelle compagne che possono persino diventare amiche per la pelle.

INDICE

CHI È LIA CELI?

Lia a tre anni

Mi chiamo Lia Celi e ho odiato il mio nome finché non mi sono resa conto che una firma di sole sette lettere era perfetta come autografo. L'unico modo per sfruttare questa rara caratteristica era diventare famosa, e dagli otto anni in poi mi ci sono impegnata in tutti i modi.

Fra le carriere che ho tentato dall'infanzia a oggi ci sono, nell'ordine: il canto, la recitazione e tutte le attività artistiche che richiedono una dizione perfetta (la mia erre moscia, tipica di chi è nato a Parma e dintorni, è stata dichiarata inguaribile in un apposito summit di logopedisti a Copenaghen); la danza classica e moderna (quando le insegnanti vedevano i miei piedoni a pinna impallidivano e mi indirizzavano verso il più vicino corso di nuoto sincronizzato); il nuoto sincronizzato (perché se diventi famosa devi fare anche gli autografi sincronizzati con le altre nuotatrici della tua squadra); la cabarettista (ma a quei tempi una femmina per far ridere il pubblico doveva essere grassa o avere un grosso naso e io non avevo nessuno dei due requisiti).

Però sapevo fare battute. L'avevo imparato dai fumetti, la

mia lettura preferita. E mi piaceva, tanto. I miei primi maestri di scrittura comica sono stati Topolino e i Peanuts. Poi ho scoperto geni come Gianni Rodari e Stefano Benni.

Lia Celi

Crescendo, ho imparato che la comicità può dire anche cose molto serie su ciò che non va nel mondo, e allora si chiama satira. Il mio primo lavoro è stato proprio in un giornale satirico chiamato *Cuore*, amatissimo dai giovani di allora. Sono stati loro a farmi sentire famosa e a chiedermi i primi autografi, anche se pensavano che Lia Celi fosse un nome troppo corto per essere vero.

Da allora quel nome è apparso su articoli e libri, su Twitter, e perfino nei titoli di qualche trasmissione televisiva, ma mai su nulla di serioso o noioso, a parte la dichiarazione dei redditi.

Sorridere insieme ai lettori è la mia missione nella vita e spero che il libro che avete in mano non interrompa la tradizione. Le parti più "serie" di *Volley Star* sono quelle suggerite dai miei figli, che la pallavolo la fanno davvero, a scuola e, avendo la fortuna di abitare a Rimini, anche in spiaggia. I loro nomi sono nomi più lunghi del mio, però hanno anche loro l'erre moscia, i piedi lunghi e il naso piccolo. Qualcuno di loro vuole già diventare scrittore. Ma di quelli seri. E questo è molto buffo, no?

CHI È DONATA PIZZATO?

Donata strega

Sono nata in un paese vicino a Venezia, un bel posticino in mezzo alla campagna. Lì ho trascorso i miei primi vent'anni tra campi di granoturco, fossi, animaletti e treni da rincorrere ogni giorno per andare a scuola in città (io e gli orologi non andiamo molto d'accordo, io e i treni invece sì!).

Mi piace molto leggere, camminare e andare in bicicletta. Da piccola sognavo di diventare un pirata per poter attraversare i mari su un veliero, oppure una strega per poter volare. Pian piano però, crescendo, ho scoperto che la mia vera passione era il disegno.

Eh sì, un po' per mancanza di velieri in mezzo ai campi, un po' per i miei scarsi risultati di volo-sulla-scopa, la mia attenzione è stata catturata dai fumetti e dai cartoni animati: mi piacevano così tanto che ho iniziato a pasticciare anch'io con le matite. Poi, disegno dopo disegno, ho capito che fogli, colori e fantasia erano per me il modo più facile per viaggiare alla scoperta di nuovi mondi e avventure!

Dopo aver studiato Arte ho lavorato in un laboratorio di scenografia, dove mi sono appassionata al mondo del teatro. Poi mi sono trasferita a Milano per fare la disegnatrice. Ora lavoro in uno studio in compagnia di fumettisti e illustratori e sto imparando un sacco di cose!
Vivo con la mia amica Vanessa e i suoi due gatti matti, ma quando ho del tempo libero torno in campagna dalla mia famiglia, mio fratello, le sorelle e i nipotini.
Il mio sogno nel cassetto è quello di fare il giro del mondo in bicicletta e vorrei imparare a ballare, ma siccome con le mezzepunte sono una frana, ho deciso di iniziare ad avvicinarmi alla danza nel modo più facile per me: disegnando!

Donata Pizzato

Donata Pizzato

Lia Celi

Volley Star

da un'idea di Luca Azzolini

Otto ragazze, un unico cuore, perché nella pallavolo si vince tutte insieme!

Lia Celi
Volley Star
da un'idea di Luca Azzolini
Pallavolo, che passione!
1
Pallavolo, che passione!
Con i consigli di
Valentina Diouf

Lia Celi
Volley Star
da un'idea di Luca Azzolini
Una fuoriclasse in campo
2
Una fuoriclasse in campo
GUEST STAR
Valentina Diouf
IL BATTELLO A VAPORE

Luca Azzolini

Volley Star

Il giorno in cui Vicky entra per caso nella palestra della scuola e colpisce la palla con un bagher perfetto, le ragazze in campo non hanno dubbi: è la giocatrice che stanno cercando per formare la nuova squadra di pallavolo. Il torneo è alle porte e gli allenamenti iniziano subito... Vicky non vede l'ora di sfidare l'imbattibile muro delle avversarie!